HAYMON taschenbuch 175

Die Autorin bedankt sich beim Wiener Bestattungsmuseum für den Zugang zum sehr reichhaltigen Quellenmaterial und die freundliche Hilfeleistung, ohne die dieses Buch nicht entstanden wäre.

MIX
Papier aus verantwortungsvollen Quellen
FSC® C017859
FSC
www.fsc.org

4 3 2 1
2018 2017 2016 2015

**HAYMON tb 175**


www.haymonverlag.at

Überarbeitete Neuauflage der bei Kremayr & Scheriau 1980 erschienenen Originalausgabe „A schöne Leich“


**ISBN 978-3-85218-975-8**

Umschlag- und Buchgestaltung nach Entwürfen von hœretzeder grafische gestaltung, Scheffau/Tirol
Umschlag: Eisele Grafik·Design, München unter Verwendung von Schneekugel: Snowglobe, Wien; Glanzbild/Oblate: Bastrota/Blogspot; Regal: Melica73/Bigstock; Totenkopf: Photology1971/Bigstock
Satz: Da-TeX Gerd Blumenstein, Leipzig
Autorenfoto: Sascha Manówicz

Gedruckt auf umweltfreundlichem, chlor- und säurefrei gebleichtem Papier.

Hilde Schmölzer

# A schöne Leich

Der Wiener und sein Tod

Mit Illustrationen aus dem
Wiener Bestattungsmuseum

Hilde Schmölzer

**A schöne Leich**

# Inhalt

# Einleitung

Der Tod in Wien ist von besonderer Art. Er spiegelt Tradition, Kultur und Geistesleben dieser Stadt in tausend Schattierungen und Facetten. Er ist zu einem Wiener Tod geworden, der sämtliche Ungereimtheiten in sich vereint. Dieser „Wiener Tod“ ist überall zu Hause, er sitzt in allen Ecken und Winkeln und meistens dort, wo man ihn am wenigsten vermutet. Er wechselt seine Auftritte im großen Welttheater, hat sich immer wieder neue Kleider zurechtgelegt, mit denen er zu faszinieren, zu erschrecken, abzustoßen weiß.

Es ist naheliegend, über ihn ein Buch zu schreiben. Weil er doch so gegenwärtig ist und gar nicht immer das Sterben, sondern viel häufiger noch das Leben meint. Wer findet sich da schon in dieser verzwickten Wiener Denkungsart zurecht? Der Wiener natürlich! Er hat seinem Tod ein Denkmal gesetzt auf die verschiedenste Art und Weise, in seinen Liedern, seinen Gedichten, seinen Komödien und Tragödien, in der ganzen „Pompfünberei“ des 19. Jahrhunderts und nicht zuletzt mit seinem Leben, in dem Todessehnsucht und Todesangst, Todesbewältigung und Todesverdrängung eine schier unlösbare Verbindung eingegangen sind. Eine Stadt der Überalterung, der Selbstmorde, ein einziges Museum wird Wien genannt. Gleichzeitig jedoch auch eine Stadt der Lebensfreude, des Charmes, der Gemütlichkeit. Wahrscheinlich jedoch ist sie eine Stadt der Melancholie, dem Weinen ebenso verwandt wie dem Jauchzen, jener Melancholie, die in Wiener Liedern ihren Ausdruck findet, aber auch in jener Unentschlossenheit und Lethargie, die zu Handlungsunfähigkeit führt und damit dem Tod benachbart ist.

Wie sich dieses Nahverhältnis auswirkt, in allen möglichen und un-möglichen Erscheinungsformen, ist Thema und Inhalt dieses Buchs. Es zeigt, wie der Wiener seinem Tod begegnet, wie er ihn anpackt oder umgeht, wie er ihn feiert mit jedem Pomp und jeder Prachtentfaltung, ein überdimensioniertes, spektakuläres Finale. Aber auch wie er ihn verdrängt an die Oberfläche sensationslüsterner Allgemeinheiten und banaler Tratschsucht. In einer Zeit, die den Tod zu ihrem Tabu erklärt hat, gewinnen derartige Betrachtungen eine besondere Bedeutung.

*Hilde Schmölzer*

# Gemma Friedhof schaun …

Mit einladender Geste empfängt eine fünf Meter hohe Christusstatue aus Stein den Besucher der Gaststätte „Concordia“, gegenüber Tor I am Zentralfriedhof. Sie wurde nach dem Entwurf des berühmten Bildhauers Thorwaldson geschaffen, der Name „Concordia“ hingegen bezieht sich auf eines der größten Bestattungsunternehmens Wiens im 19. und der ersten Hälfte des 20. Jahrhunderts. Wie ein Relikt aus vergangener Zeit wirkt das niedere Gebäude mit der großen Holzveranda und dem weitläufigen Gastgarten zwischen modernen Gebäuden und Geschäften. Schließlich steht es auch unter Denkmalschutz, immerhin 1881 gegründet und mit einer interessanten Geschichte als ehemaliges Hofsteinmetzunternehmen. Sorgfältig renoviert, ohne den ursprünglichen Charakter zu zerstören, beherbergt es heute neben dem Restaurant einen Literatursalon, eine kleine Galerie und ein Seminarzentrum, versteht sich also als „Kulturinstitution“ sozusagen.

Die „Concordia“, meint die Standlfrau bei Tor II, während sie ihren Blumenschmuck eilfertig Vorübergehenden anpreist, die ist wenigstens noch bodenständig, hingegen die drei weiteren Wirtshäuser am Zentralfriedhof – Verachtung liegt in ihrem Blick – von „Ausländern“ geführt werden. Das will ihr gar nicht gefallen, da fehle schließlich die echt wienerische Tradition bei der Zubereitung einer kulinarischen Leichenfeier.

Das finden offenbar auch andere Gäste, denn immerhin kann sich einzig die „Concordia“ nicht über mangelnden Besuch beklagen. Trauergesellschaften bis zu 40 oder 50 Personen sind hier keine Seltenheit, bei stimmungsvollem Kerzenlicht (selbst am Tag sind die Räume schummrig) unter einer stilgerechten Kuppel aus blau-weißem Glas. Davon können die anderen Wirte nur träumen, der Rückgang der Gäste in den letzten Jahren, so heißt es allgemein, sei deutlich zu spüren.

Aber in der „Concordia“ eilt die Kellnerin nach wie vor abgehetzt von einem Tisch zum anderen, recht ausgelassen wird hier oft gefeiert, vor allem die Jungen, so meint sie während einer kleinen Pause, möchten das Leben im Angesicht des Todes noch genießen. Aber natürlich, es stimmt schon, früher kamen auch in der „Concordia“ mehr Leute zum großen Leichenschmaus, auch hier geht das Geschäft nicht mehr so gut wie in alten Zeiten.

Auch die Standlfrauen mit ihren großen und kleinen Blumenbouquets, den reichlich mit goldenen Engeln und Putten verzierten Grablichtern und den kleinen weinenden Gips-Engerln beklagen diese moderne, Trauer-feindliche Zeit. Früher, da wurden 25 bis 30 Bouquets pro Tag verkauft, jetzt sind es vielleicht drei. Kein Wunder, dass auch das Angebot gesunken ist, von etwa 21 Blumenständen vor 20 oder 30 Jahren blieben lediglich neun. Nicht einmal zu Allerheiligen sei noch das große Geschäft zu machen, ein bissl mehr ist natürlich schon los auf dem großen Platz vor dem Haupteingang, die Zahl der Blumenstände würde sich dann verdoppeln. Auch einen Maroniverkäufer und einen Würstelstand gibt es dann, Knabbergebäck und eine große Auswahl alkoholfreier Getränke. Trotzdem sei das kein Vergleich zur guten alten Zeit, als die Toten noch ganz anders geehrt wurden, mit aufwendigen Blumenkränzen und kunstvollen Gestecken. Heute, sagt die Standlfrau verächtlich, des glauben's net, wie viele Gräber verwahrlost sind. Keine Zeit haben's halt mehr, die Leut, nur die ganz Alten, die auch bald hier liegen werden und die meist viel Zeit haben, die kommen immer noch.

Dafür aber gibt es jetzt täglich Führungen unter dem Motto: „Verkauft's mei Gwand, ich fahr' in Himmel" (der Spruch wird dem Volksdichter selig Ferdinand Sauter zugeschrieben), die das „Erlebnis Zentralfriedhof" dem interessierten Besucher nahe bringen sollen. Schließlich handelt es sich bei dieser „bedeutendsten Begräbnisstätte Wiens", und dem zweitgrößten Friedhof Europas um eine Art Kulturdenkmal. Dafür sorgen die zahlreichen Begräbnisstätten und Ehrengräber von Berühmtheiten aus Kunst, Kultur und Wissenschaft, die einen interessanten Einblick in die Geschichte und Gegenwart Wiens gewähren. Außerdem, so wird auf dem Prospekt betont, kann gleichzeitig damit ein Naturrefugium besichtigt werden, Heimstätte vieler seltener und sogar vom Aussterben bedrohter Tierarten wie etwa dem Feldhamster, der sich zwischen den Gräbern tummelt und manchmal sogar in frisch ausgeschaufelte Gruben fällt, von wo er dann vom Totengräber mühsam befreit werden muss. Außerdem würden von den Fremdenführern und Führerinnen ernste und humorvolle Anekdoten serviert, um dem Friedhof auch heitere Seiten abzugewinnen.

Auch das Totenglöckerl läutet immer noch den ganzen Tag, der Konduktwagen mit größerem oder kleinerem Gefolge je nach dem Ansehen des Verstorbenen, begleitet von echtem oder gespieltem Schmerz je nach der Liebe, die gegeben und empfangen wurde, bewegt sich langsam durch die Gräberreihen, vorbei an den trauernden Genien, den Rundtempelchen und Mausoleen, den steinernen Sarkophagen, Putten, antiken Grabaltären und Grüften mit neoromanischen Säulenkapitellen bis hinaus an die Peripherie, wo ein frisches Grab ausgeschaufelt wurde, daneben, oder auch an anderer Stelle, noch eins, und noch eins, und wieder eins. Denn es ist immer noch viel Platz auf dem Zentralfriedhof. So viele, meint der Totengräber, können gar nicht sterben, dass der Zentralfriedhof je überfüllt sein wird.

Darauf haben die Wiener Stadtväter in den Sechzigerjahren des vergangenen Jahrhunderts schon geachtet, als der Beschluss gefasst wurde, sämtliche Friedhöfe Wiens aufzulösen und stattdessen ein großes, gemeinschaftliches Gräberfeld anzulegen. Dass dies mit einigen Schwierigkeiten verbunden sein würde, dürfte damals schon den zuständigen Behörden geschwant haben, denn 1869 beantragten einige Gemeinderäte, statt des Zentralfriedhofs vielleicht doch lieber mehrere kleine Friedhöfe zu planen, *„da mit der Durchführung des Zentralfriedhofs große und zahlreiche Kalamitäten verbunden seien"*. Aber diese – wie sich später herausstellte – wohlbegründete Warnung wurde in den Wind geschlagen, man dachte an den Staatssäckel – und nahm die Kalamitäten in Kauf. Die Kaiser-Ebersdorfer Gründe wurden um 600.000 Gulden gekauft, weitere 2,4 Millionen Gulden für den Bau bewilligt, die zwei Frankfurter Architekten Mylius und Bluntschli mit der Ausführung betraut – und damit begann die Geschichte des Wiener Zentralfriedhofs, die mit gutem Grund in die Annalen eingegangen ist.

Da gab es vorerst Schwierigkeiten mit der Entfernung vom Stadtzentrum, die unter anderem eine völlige Veränderung des gewohnten Begräbnisrituals verlangte. War es bisher üblich gewesen, den Verstorbenen mit möglichst prächtigem Geleite vorerst zur Einsegnung in die Kirche und anschließend zum Friedhof zu bringen, so fand ab jetzt die „schöne Leich" nur noch bis zur Pfarre statt, von dort mussten die *„Leichen nur in geschlossenen Todtenwagen, ohne Fackelträger, Musik etc. direkt auf den Friedhof befördert werden"*, wie es in einer Verordnung der k. k. n. ö. Statthalterei heißt.

Ein eigenes Kapitel bildete auch der damals in sämtlichen heimischen Blättern heftig diskutierte sogenannte „Konfessionenstreit". Ursprünglich von

Leichenbegängnis 1. Klasse um 1900

der Gemeinde als „interkonfessioneller Friedhof" gedacht, der sämtlichen Glaubensrichtungen offenstehen sollte, wurde der Zentralfriedhof schließlich zu einem rein katholischen Gräberfeld mit einem protestantischen, jüdischen, russisch-orthodoxen, griechisch-orthodoxen und muslimischen Anhang. Und das kam so: in seiner Sitzung vom 13. Oktober 1874 beschloss der Wiener Gemeinderat, dass der Zentralfriedhof nach süddeutschem Vorbild, das eine Einweihung durch die Geistlichen verschiedener Konfessionen gemeinsam vorsah, als konfessionslos zu betrachten sei, und die *„Stadtvertretung daher die Vornahme irgendwelcher kirchlicher Einweihungszeremonien gelegentlich der Eröffnung nicht veranlassen werde"*. Was prompt einen Protest des erzbischöflichen Konsistoriums zur Folge hatte, worauf der Stadtrat sich beeilte zu versichern, dass damit keinesfalls eine Einweihung nicht zugelassen werden sollte, sie solle lediglich nicht veranlasst werden. Nach diesem, nach allen möglichen Seiten

Decora

hin auslegbaren Orakelspruch begann eine totale Verwirrung auszubrechen, die in hitzige Debatten mündete, deren absoluter Siedepunkt erreicht wurde, als die israelische Kultusgemeinde ihren eigenen Friedhof zugewiesen bekam. „Warum die und wir nicht!“, ereiferten sich die christlich Orthodoxen, und der patriotische katholische Volksverein für Nieder-Österreich empörte sich, dass man *„uns Katholiken mit Dieben, Mördern, Selbstmördern und Konfessionslosen gemeinsam verscharren“* möchte, wohingegen die Juden unter sich bleiben dürften.

Schließlich, nachdem wenige Tage vor Eröffnung des Friedhofes noch immer keine Klarheit geschaffen worden war, geschah folgendes: Am 31. Oktober 1874, also einen Tag vor der Eröffnung, betrat zu früher, nebliger Stunde der Domdechant mit spärlichem Gefolge den Zentralfriedhof. Zu dem bereits am vorherigen Abend auf möglichst unauffällige Art und Weise seitlich vom Haupteingang aufgestellten, kaum mannshohen Kreuz aus Gusseisen wurden noch rasch vier Kreuze aus Holzlatten gezimmert und im rechten Winkel in die vier entlegensten Ecken des Friedhofes gesteckt. Dann wurde an der Spitze ebenso wie an jedem Arm des Kreuzes ein Nagel eingeschlagen und darauf eine Wachskerze befestigt, während auf dem eisernen Kreuz fünf Wachskerzen brannten. Nach solcherart getroffenen Vorbereitungen wurde diese Einweihungszeremonie in *„aller Stille und ohne Vertreter des Gemeinderates“* vollzogen, *„während die Jäger, die auf dem benachbarten Felde Hasen jagten, sich nicht stören ließen“*. Später stellte sich heraus, dass die Statthalterei, entgegen dem Beschluss des Gemeinderates, der ausschließlich katholischen Einweihung zugestimmt hatte, was demnach den rein katholischen Friedhof zur Folge hatte. Die damit vor vollendete Tatsachen gestellte Öffentlichkeit reagierte unterschiedlich – der Befriedigung kirchlicher Kreise stand der Unmut der Liberalen gegenüber: *„Wir hätten gewünscht, dass die Eröffnung der neuen Ruhestätte in anderer Weise stattgefunden hätte, als dies nun der Fall ist. Denn keinerlei Erwartungen, welche man an dieses für die Entwicklung der Reichshauptstadt wichtige Ereignis knüpft, ist befriedigt. Wir hatten die Hoffnung, in dem neuen Central-Friedhof ein Denkmal zu errichten, welches interconfessionellen Charakters, den Frieden, welcher glücklicherweise zwischen den verschiedenen Confessionen in unserer Stadt herrscht, zum wahren Ausdruck bringen sollte, indeß die Engherzigkeit der Religions-Parteien Scheidewände aufrichtet zwischen den Todten ...*“, schreibt die „Neue Freie Presse“.

Und die „Humoristischen Blätter“ widmeten diesem Ereignis folgendes Gedicht:

*... Neue Felder, neue Stätten Haben wir*
*dem Tod bereitet Und am Orte künft'gen*
*Friedens Man soeben lustig streitet:*
*Wie man uns 're letzten Reste Nach den*
*Konfessionen bette Dienet nicht dieselbe*
*Erde Allen dort zur Ruhestätte? ...*

Heute allerdings bietet der Zentralfriedhof sämtlichen Konfessionen eine Ruhestatt. Es gibt neben dem evangelischen und jüdischen Friedhof einen muslimischen, buddhistischen, griechisch-russisch-serbisch-rumänisch-bulgarisch-syrisch-koptisch-orthodoxen Friedhof, außerdem einen islamischen, muslimisch-ägyptischen Friedhofsbereich und einen weiteren für die Mormonen. Die allgemeine Globalisierung hat auch den Zentralfriedhof geprägt, die Wiener sind hier keinesfalls mehr unter sich.

Damals allerdings erhitzte dieser Konfessionenstreit die Gemüter gewaltig, und der Zentralfriedhof begann endgültig ein Stein des Anstoßes zu werden, wilde Gerüchte entstanden und verbreiteten sich mit Windeseile. So beanstandete etwa der katholische „Volksfreund", dass sich der Friedhof *„in der Nähe des Schindangers von Kledering"* befinde, und forderte – nicht ohne sich zuvor für die harte, die Pietät des P. T. Publikums verletzende Formulierung zu entschuldigen – eine Verlegung des Schindangers aus der unmittelbaren Nähe des Friedhofs, zumal *„die Legionen von Ratten, welche der Anger von Kledering gezüchtet hat, bis an das zum Friedhof angekaufte Gebiet ihre Minengänge gegraben haben"*.

Am meisten in Harnisch gebracht wurden die Wiener jedoch durch das *„würde- und pietätlose Aussehen"* des Zentralfriedhofes am Tage seiner Eröffnung, dem 1. November 1874. Es ist recht interessant und aufschlussreich, sich die damaligen Reaktionen der Öffentlichkeit zu vergegenwärtigen, wie sie in den Gazetten zum Ausdruck kamen:

*„Also das ist der freilich nur provisorische Eingang zum Zentralfriedhof der Reichshaupt- und Residenzstadt Wien?!!!"*, schreibt am 28. Oktober 1874 das „Illustrierte Wiener Extrablatt". *„Ein schmaler, einstöckiger Trakt simpelster Bauart für den Totengräber auf der einen, ein ebensolcher schmaler, einstöckiger Trakt simpelster Bauart für den Gärtner auf der anderen Seite – und in der Mitte die aus Holtz zusammengezimmerte, im lustigsten Schweizer-*

*style gehaltene Wartehalle. Wie sich die Facade dieses hölzernen, den Eingang bildenden Mitteltraktes, auf dessen Dach eigentlich ein paar ‚Fahnln' gehören, präsentiert? Ungefähr wie ‚Präuscher's Museum' oder ‚Kratky-Baschit's Zaubertheater' im Prater. Der Dornbacher Bahnhof der Pferdeeisenbahn ist im Vergleiche ein monumentaler Prachtbau.*" Weiters beschwert sich der Berichterstatter über die mangelhaften Vorbereitungen, wenige Tage vor der Eröffnung werde an der „Wartehalle" immer noch gearbeitet, auch die neue Tramwaylinie sei noch nicht in Betrieb genommen:

„*Volle vier Jahre hatte man Zeit, dem Friedhofe eine würdige Gestaltung zu verleihen, Bäume zu pflanzen und Gartenanlagen herzustellen – und was ist geschehen? Nichts! Eine trostlose, öde Wüste ohne Baum und ohne Strauch ist unser neues großes Leichenfeld ...*" Fünf Tage später, also am 3. November 1874, befasst sich dasselbe Blatt erneut mit diesem Thema:

„*Die famose Wartehalle ... ist wirklich fertig geworden und wurde vorgestern ihrer Bestimmung übergeben. Zur besonderen Verschönerung stellte man in derselben drei lange, eichenfarbene angestrichene Tische und an jeden derselben sechs Stühle auf. Durch diese hinzugekommenen edlen, aber einfachen Einrichtungsstücke machte die ‚Halle' nun vollständig den Eindruck eines ‚Extrazimmers' bei einem Buschenschänken in Hernals oder Währing.*

*‚Aber ganz wia beim G'schwandner', rief ein urwüchsiger Bewohner der westlichen Vororte.*

*‚Du hörst, zu was haben's denn dö drei g'schnappigen Tischerl her'gstellt?' fragte ein wißbegieriger Lerchenfelder seinen Begleiter. ‚Dös wirst*

*do leicht kapir'n! Wann ma lang auf d'Leich warten muaß, daß ma tarokieren kann', lautete die Auskunft.*"

Die „Neue Freie Presse" hingegen beklagte sich über die *„Wüstenei ... auf welcher das Auge Alles vermißt, was sonst die Ruhestätten der Todten schmückt ... da gibt es natürlich noch keine Kunstwerke, keine historisch gewordenen Grabdenkmale ... auch Gartenanlagen und Bauten, wie sie dem schweigenden Ernste des Camposanto entsprechen, wird man dort noch vergeblich suchen ... nicht einmal eine dürftige Gartenanlage ist den ersten Todten und ihrem Trauergefolge gewidmet, und dieses letztere muß sich bei seinem Liebeswerk zum Aufenthalte in Holzbaracken bequemen ...*"

Als ebenso unwirtlich und *„der Würde des Augenblicks"* nicht angemessen werden von den Gazetten die ersten Begräbnisse geschildert.

*„Im Verlaufe einer halben Stunde 7 Leichen – für den Anfang ein schöner Erfolg, auf jeden Fall aber ein Geschäft"*, schreibt das „Illustrierte Wiener Extrablatt", und weiter heißt es zynisch:

*„Die Leidtragenden selber mußten sich mit ihrem Schmerze ziemlich kurz fassen, denn kaum waren die ersten Tränen ihren Augen entquollen, kaum hatten sie die ersten Schollen auf den Sarg des theuren Dahingeschiedenen fallen lassen, mußten sie wieder vom Rande des gemeinschaftlichen Grabes weg, denn Platz machen, hieß es, weil bereits ein neuer Toter herbeigebracht wurde, und neue Leidtragende kamen, die auch weinen und auch Erdschollen hinabwerfen wollten.*"

Die Begräbnisstätten jener ersten Toten, die an diesem denkwürdigen Tag der Eröffnung beigesetzt wurden, sind heute – sie wurden mehrheitlich in Schachtgräbern beerdigt – nicht mehr vorhanden. Lediglich das Grab eines Jakob Zelzer, der in einem Einzelgrab bestattet wurde, existiert noch. Es befindet sich rechts vom Verwaltungsgebäude, und der verwitterte Grabstein bezeugt heute noch jene bürgerliche Wohlhabenheit, die für ein „besseres Begräbnis“ Voraussetzung war.

# Grabstapark Zenträu

Trotz der allgemeinen Protest- und Unmutsäußerungen musste die Wiener Bevölkerung noch recht lange auf einen Friedhof warten, der ihren Vorstellungen entsprach. Erst 1898 wurde ein Wettbewerb für die Errichtung von Warte- und Leichenhallen, einem Portal, Arkaden und einer Kirche ausgeschrieben. Wobei dem Projekt des Wiener Architekten Max Hegele der Vorzug gegeben wurde. Im Jahre 1905 begann Hegele dann schließlich mit dem Bau des Hauptportals, dessen drei schmiedeeiserne Tore von zwei mächtigen Pylonen, geschmückt mit Reliefs von Anselm Zinsler, flankiert sind. Die Baubewilligung für die Warte- und Leichenhallen wurde ebenfalls 1905 erteilt, für die Arkaden, Kolumbarien und für die Kirche erst 1907. 1910 war die Kirche, nach dem damaligen Bürgermeister Karl Lueger Gedächtniskirche genannt, endlich fertig geworden, ein Zentralbau im Sezessionsstil mit riesiger Kuppel, reichem Stuck und leuchtend-farbiger Innendekoration, zu der sämtliche bedeutenden zeitgenössischen österreichischen Künstler ihre Beiträge lieferten.

In dem weitläufigen Gruftgewölbe der Kirche ruht der steinerne Sarkophag Luegers vor einem farbigen, aus der Höhe Licht gewährenden Glasfenster und umgeben von den verblichenen Kranzschleifen des einstigen Begräbnisses.

Zentralfriedhof Luegerkirche

Trauerzug

Obwohl der Wiener der gar nicht so „neumodischen“ Art der Verbrennung – Feuerbestattungen hat es schon in der Jungsteinzeit vor rund 5000 Jahren gegeben – immer etwas skeptisch gegenüberstand (was wiederum einen tiefen Blick in seine Seele gestattet, denn sich verflüchtigende, körperlose Asche bietet keinen besonderen Anreiz zur Entfaltung eines doch sehr diesseitsorientierten Begräbnis-Pompes), wurde 1921 dennoch die Errichtung einer Feuerbestattungsanlage genehmigt, und zwar just im Park des ehemaligen Lustschlosses Maximilians II., dem sogenannten „Neugebäude“ gegenüber von Tor II des Zentralfriedhofes. Dabei wurde das neue Krematorium nach einem Entwurf von Clemens Holzmeister stilistisch sehr sorgfältig den bereits bestehenden Gebäuden angepasst, um eine harmonische, die Gesamtwirkung nicht störende Einheit zu bewahren. Der Streit über die Gesetzmäßigkeit der Ver-

Zentralfriedhof Allerheiligen, 19. Jahrhundert

brennung zwischen Regierung und Gemeinde, der sich nach der Eröffnung der Feuerhalle im Jänner 1923 entspann, wurde durch eine Entscheidung des Verfassungsgerichthofes im Jänner 1924 zugunsten der Gemeinde Wien und damit für die Verbrennung entschieden.

Die katholische Kirche gab allerdings erst 1963 ihre Genehmigung – seit diesem Zeitpunkt wird auch Katholiken, die sich verbrennen lassen wollen, kirchlicher Beistand gewährt.

All das, womit sich uns der Zentralfriedhof heute als eine organisch gewachsene Sehenswürdigkeit präsentiert, ist also erst im Laufe vieler Jahrzehnte dazugekommen: die imposanten Arkaden und Kolumbarien, die mit ausschweifendem Dekor häufig überladen wirkenden Grabstätten der Gründerzeit, die antiken Monumenten nachempfundenen Grabaltäre, Grabsäulen oder Grabpfeiler mit vielfältiger Symbolik. Ein kulturhistorisch interessantes Sammelsurium verschiedenster Stile aus verschiedensten Epochen, die, nachempfunden oder abgewandelt, ein Bild verschiedener Anschauungen, Werte, Sehnsüchte, Wünsche vermitteln. Die im Schmerz hinsinkenden Frauengestalten, der Vogel Phönix, der siegreich aus der Asche steigt, die Lilie als Todeszeichen, die Schlange als ein Sinnbild der Ewigkeit, aber auch die idealisierte, in schöne Form gegossene Büste des Verstorbenen mit allen Ehrenzeichen dokumentieren den ewigen Versuch, Inhalte über den Tod hinaus zu bewahren, weiterzugeben, das kleine Restchen irdischen Gebeins zu überhöhen, ihm einen die Bedeutung des Lebens ein wenig verlängernden Ausdruck zu verleihen. Es sind teils rührende, teils erschütternde, häufig alle menschlichen Eitelkeiten und Schwächen preisgebende Denkmale, durch die Tod und Endlichkeit, wenn schon nicht besiegt, so doch hinausgezögert werden sollen.

Und es ist sicher jene eigenartige Faszination, die im Überdenken eigenen Werdens und Vergehens liegt, welche den Wiener zu sinnierender Andacht an die Stätten der Toten treibt. Dass auch Scharen von Touristen einen Besuch von Wiens ausgedehntem Gräberfeld in ihr Sightseeing-Programm eingebaut haben, mag jedoch vor allem in einem kulturhistorischen Interesse begründet sein, liegt doch Österreichs Prominenz der letzten hundert oder auch zweihundert Jahre hier in von der Gemeinde gestifteten Ehrengräbern bestattet. Viele Größen der Vergangenheit wurden umgebettet, aus den alten Friedhöfen in den neuen überführt. Manche haben nur ein Ehrendenkmal erhalten, wie zum Beispiel Mozart, der in einem Schachtgrab auf dem alten St. Marxer Friedhof beigesetzt wurde, das später in Vergessenheit geriet.

Dass der Zentralfriedhof trotzdem bis heute kein „lieb Kind“ des Wieners geworden ist, mag verschiedene Gründe haben. Da ist zum einen die Monstrosität dieses Leichenfeldes, die sich nicht nur in seiner Größe – der Zentralfriedhof ist mit zwei Millionen Quadratmetern der zweitgrößte Friedhof Europas – sondern auch in den oft mit übertriebenem Prunk ausgestatteten Grabstätten ausdrückt. Da sind weiter und daraus resultierend die zeitweise riesigen Menschenansammlungen, die vor allem zu bestimmten Gedenk- und Feiertagen zu beobachten sind. Zwei Fakten übrigens, die in Wien zu dem geflügelten Wort führten, der

„Zentral“ sei zwar nur halb so groß, jedoch doppelt so lustig wie eine bekannte Schweizer Metropole. Und da ist schließlich die Entfernung vom Stadtinneren, die den Weg zu den Toten beschwerlich macht.

Die Bestattung Wien weiß Geschichten darüber zu berichten, was die Leute alles anstellen, um ihre Angehörigen in einem der früheren Vorstadtfriedhöfe, die zu Ende des 19. Jahrhunderts eingemeindet wurden, bestatten zu dürfen. Es ist jene gewisse Intimität, die der Wiener hier bevorzugt, jene Überschaubarkeit, die ihm die Dinge – und auch die Toten – näher bringt. Und wer weiß, wie viele alte Leute täglich den Gang zum Friedhof tun möchten als letzten Lebensinhalt – und Sinn, wird auch verstehen können, dass sich dieser Friedhof möglichst in unmittelbarer Nähe, und nicht draußen am äußersten Stadtrand, befinden soll.

Und doch hat der Wiener immer eine ganz bestimmte, in seinem tiefsten Inneren wurzelnde Beziehung zum riesigen Gräberfeld des Zentralfriedhofs unterhalten. Das zeigt sich vor allem in seinen Liedern und Gedichten: *„Es lebe der Zentralfriedhof!“* ruft Pop-Sänger Wolfgang Ambros aus und lässt die Toten zum hundertjährigen Bestehen des Friedhofes einen schaurig-makabren Totentanz aufführen. Hingegen das Duo Artmann-Qualtinger in den „Schwarzen Liedern“ die ganze Komplexität wienerischer Geisteshaltung und -art besingt:

*Waun e amal a Bankl reiß*
*zu deutsch: de Patschn streck*
*e hoff es dauert no a weil bis zu dem letzten*
*Schreck.*

*Waun e dann alsdann schdeam soit*
*so bitt e euch nur ans*
*ja nur ka Ehrngrab am Zenträu*
*e steh net auf so Tanz*

„Richtig schlecht ‚vom Magn aus', so Artmann/Qualtinger, würde ihnen bei dieser ‚Behandlung' und diesem ‚Aufwand'".

Und dann weiter:

*De Pompfüneberer, des foische Goid de*
*Blasmusik, der Blumenwoid*
*und extra no allan für mir*
*a Sübataxi gaunz aus Glas*
*mit einem Aufbau wia a Grottenbahn*
*na, habe d'Ehre, lasd's do d'Händ davon.*

Da wäre es schon besser, heißt es dann weiter, in „an Luftballon" vergraben zu werden oder „in an g'stolan Stöcklschuach" als in diesem „weitn, bradn, windvawadn Grabstapark Zenträu".

Nein, der Wiener liebt seinen Zentralfriedhof nicht, aber er ist ihm trotzdem irgendwo verfallen. „Des foische Goid", auf das er trotzdem nicht verzichten will und kann, der „Grabstapark", stehen stellvertretend für seine unbewältigte Todesproblematik. Und er sieht in seinen Toten, die dort ruhen, und in den Monumenten, die er ihnen errichtet hat, wie in einem Spiegel sich selbst: ein leicht rührseliges und verkitschtes, gleichzeitig jedoch in verdrängter Todesfurcht prächtigen Gräberpomp inszenierendes Konterfei. Sein „Gemma Friedhof schaun" ist daher ein Weg zur Selbsterkenntnis.

## „Pneumatische Leichenbeförderung“ und ähnliche Projekte

Das Problem der Entfernung war, wie sich erst später herausstellte, von den zuständigen Stadtvätern bei der Friedhofsplanung nicht genügend beachtet worden. Wien hatte ja damals noch nicht jene Ausdehnung wie heute, Simmering war lediglich ein Vorort, eingebettet in die „Simmeringer Heide“, und dahinter hörte dann bis zum Zentralfriedhof die Verbauung völlig auf. An Transportmitteln kamen nur Pferdekutschen in Betracht, denn die elektrische Straßenbahn fuhr erst ab 1901, und das Auto war noch nicht erfunden. Also blieb ein Besuch des Friedhofs eine eher mühselige Angelegenheit.

Wie ein damaliger Zeitgenosse die Fahrt zum neuen Gottesacker empfand, schildert ein Berichterstatter im „Illustrierten Wiener Extrablatt“ unter dem Titel „Eine Probefahrt zum Zentral-Friedhof“ so:

*„Und nun, vor der Linie, fängt der Weg an ‚sich zu ziehen‘. An den Ochsen der Schlachthäuser links ist man wohl bald vorüber, dagegen bleibt das Arsenal rechts länger im Auge, dann beginnt Simmering und droht nicht aufzuhören. Der trunkene Blick schweift über die links sich ausbreitende ‚Simmeringer Had‘, wo es, wie's im Liede so schön heißt, dereinst ‚den Schneider verwaht‘. Man wagt es zwar kaum zu glauben, aber endlich hat man doch das letzte Haus Simmerings erreicht. Es kömmt nun eine lange, lange Weile Nichts. Die Straße (die bis Schwechat*

*gepflastert ist) zieht sich nun zwischen einer verkrüppelten, im Absterben begriffenen Pappelallee hin. Endlich erblickt man links an der Straße ein altes Kastell mit einer Menge runder Thürme – das ist das sogenannte ‚Neugebäu' ... Gegenüber vom ‚Neugebäu', rechts von der Straße, erblickt man eine neue Einfriedungsmauer. Dieselbe zieht sich viele Klafter hin. Da wo sie zu Ende, zweigt in scharfer Krümmung eine provisorische Straße rechts in's Feld hinein ab. Das Ziel ist erreicht – der Wagen hält vor dem Portal des Zentral-Friedhofes. Wir sehen auf die Uhr: der Fiaker – und der 325er läßt sich nicht spotten – hat von der Josefstadt, Schlösslgasse, bis hierher fünf Minuten weniger als eine Stunde gebraucht ...“*

Wohl hatte man zum Zentralfriedhof eine Pferdetramway gebaut, mit einem Stall für 544 Pferde dort, wo heute die Simmeringer Remise steht, aber damit war das Problem bei weitem nicht gelöst.

Leichentram

Kleiner Prachtwagen

Erstens benutzte damals diese Tramway kein Mensch, der auf sich hielt, sie war lediglich dem niederen Volke Vorbehalten, „bessere“ Leute fuhren mit Equipagen, Fiakern oder mit gemieteten Stellwagen, je nach finanziellen Verhältnissen und nach Stand. Und zweitens wurden mit der Tramway keine Leichentransporte durchgeführt. Erst über vierzig Jahre später, nämlich vom Ende des Ersten Weltkrieges bis etwa 1925 und dann noch einmal am Ende des Zweiten Weltkrieges führte die Straßenbahn eigene Spezialwaggons, in denen sich Boxen für insgesamt zwölf Särge pro Waggon befanden.

Um die Jahrhundertwende jedoch hatten für Leichentransporte ausschließlich die konzessionierten Leichenbestattungsunternehmen zu sorgen, die zu diesem Zwecke eigene „Gala Totenwagen“ entwickelten, mit einem metallenen, prächtig verzierten Übersarg, in den der eigentliche Sarg hineingeschoben wurde. Hingegen die Leichen dritter und vierter Klasse mit einem billigeren zweispannigen geschlossenen „Fourgon“ Vorlieb nehmen mussten.

Über die Härte des Konkurrenzkampfes zwischen den einzelnen Bestattungsunternehmen gibt ein Inserat der Leichenbestattung „Concordia“ Aufschluss, das am 25. Oktober 1874, also wenige Tage vor Eröffnung des Zentralfriedhofes, in der „Neuen Freien Presse“ erschien. Es bezog sich auf ein Übereinkommen zwischen Magistrat und dem damals größten Leichenbestattungsunternehmen, der „Entreprise des Pompes funèbres“, das diesem eine bevorzugte Stellung hinsichtlich der Leichentransporte zum Zentralfriedhof eingeräumt hatte. Worauf sich die „Concordia“ beeilte zu versichern, dass auch sie in der Lage und willens sei, den Transport von Leichen, und zwar zu wesentlich günstigeren Bedingungen als die „Entreprise“, durchzuführen.

*„Die ‚Concordia‘, welche sowohl sämmtliche Leichen der drei k. k. Krankenhäuser, als die des k. k. allgemeinen Krankenhauses, des Wiedner Spitals und des Rudolfs Spitals nach erhaltener Genehmigung der hohen Statthalterei mittels Vertrags-Abschlusses zum Transport erhielt, weil dieselbe weit günstigere Conditionen als die ‚Entreprise‘ bot, bietet diese Vortheile auch dem P. T. Publicum, und erklärt sich bereit, den Transport sämmtlicher Leichen Wiens billiger als die ‚Entreprise‘ zu besorgen ...“*

Die „Entreprise“ hatte außerdem betont, dass es ihr gelungen sei, *„eine ganz besondere Art hermetisch verschliessbarer Metallsärge, welche alle Erwartungen sanitärer Anforderungen weit über-*

*treffen*" herzustellen, *„wodurch jede Exhumierung bedeutend billiger sich stellt und dem P. T. Publicum große Ersparnisse erzielt werden"*.

Kein Wunder, dass solche und ähnliche Wettbewerbsmethoden, mit denen die einzelnen Leichenbestattungsunternehmen einander überboten, allgemeinen Anstoß erregten. Auch über die Aufschriften an beiden Seiten der Leichenwagen, die häufig in großen weißen Lettern den Firmennamen wiedergaben und damit „Sodawasser- und Flaschenbierwagerln" ähnlicher sähen als Wagen, die für den Transport von Toten bestimmt seien, beschwerten sich Berichterstatter in den Gazetten.

Der Durchzug von Leichenwagen gehörte bald zum gewohnten Bild der Anrainer der Landstraße und der Simmeringer Straße, was, wie ein Chronist meint, bei den Bewohnern einen *„deprimierenden Eindruck auf das Gemüth"* ausübe. *„Die bisher blühenden Bezirke werden verlassen, verrufen und entwertet sein, wenn das so weitergeht."* Denn immerhin wurden monatlich etwa 10.000 Personen zum Friedhof befördert.

Weitere Schwierigkeiten ergaben sich bei schlechter Wetterlage, vor allem im Winter bei reichlichem Schneefall. Dann kam es teilweise zu einem regelrechten Chaos, viele Kondukte blieben bei eisigem Wind- und Schneetreiben *„in der unwirthbaren Simmeringer Heide"* im Schnee stecken und konnten nicht weiter. Manche stellten die Särge in umliegenden Wirtshäusern ab, andere mussten umkehren. Es wird berichtet, dass Kindersärge (die Kindersterblichkeit war damals noch ziemlich hoch) in manchen Fällen von den Angehörigen bis zum Friedhof getragen wurden.

An – zum Teil etwas kuriosen – Vorschlägen, diesen Zustand zu beenden, fehlte es nicht. So hat die Staats-Eisenbahn-Ges. bereits Anfang des Jahres 1874 vorgeschlagen, eine eigene Bahn für Leichentransporte zu bauen. Wobei als *„Zentralsammelpunkt für alle Leichen der Stadt die jetzige Großmarkthalle“* vorgeschlagen wurde. Dies würde sich als günstig erweisen, da, *„wie der Stadt-Physikus ausführte, die Großmarkthalle sich vortrefflich für den Zweck eines Leichensammelhauses eignen würde, indem die großen, gewölbten Keller dieses Gebäudes die Möglichkeit bieten, auch in der heißen Jahreszeit ohne Schaden für die Umgebung die Leichen provisorisch aufbahren zu können. Ferner eignet sich die große Halle vortrefflich für die Abhaltung ritueller Zeremonien“*. Selbstverständlich – so wurde dann noch in einem Anhang hinzugefügt – würde die Großmarkthalle ihrer gegenwärtigen Verwendung entzogen werden.

Noch abenteuerlicher mutet das Projekt einer „pneumatischen Leichenbeförderung“ an, welches im Oktober 1874 im Magistrat diskutiert wurde. Dabei solle *„auf einem großen Platz in der Stadt ... eine Leichenhalle errichtet und daselbst auch die Einsegnung der Leichen vorgenommen werden, die dann in den Maschinenraum versenkt und mittels Luftdruck in den Zentralfriedhof zur Bestattung befördert werden sollen. Zu diesem Zwecke sollte ein Kanal unterirdisch gebaut werden“*. Der Magistrat hatte sich allerdings in seiner Mehrheit gegen dieses Projekt ausgesprochen.

Ein weiterer Vorschlag für eine Bahnverbindung zum Zentralfriedhof kam von der „Canal-Schiffahrts Ges.“, die eine Station am sogenannten Goldspinnerhaus im dritten Bezirk bauen wollte.

Ernsthaft überlegt wurde auch 1879 das Projekt einer „Wiener Centralfriedhof Bahn". Sie sollte von der Zollamtsbrücke an dem Wienflussbett bis zur Radetzkybrücke, von dort am Donaukanal entlang bis zur Staatseisenbahnbrücke, weiter bis zur Simmeringer Straße und schließlich zum Zentralfriedhof führen, wobei auch daran gedacht war, die Gleise bis in den Friedhof hinein zu verlegen. Die Beförderung sollte *„nach dem System der Dampf-Tramway"* erfolgen, welche, so wurde betont, als besonderen Vorteil *„keinen Rauch, kein Feuer, keine Funken, keinen ausströmenden Dampf und keinen Lärm"* aufzuweisen hätte. Die Fahrzeit würde 25 Minuten betragen bei etwa drei Zügen pro Stunde.

Ob es nun doch der Funkenflug war, der die schindelgedeckten Häuser entlang der Linie zu sehr gefährdete, oder ob das Projekt zu teuer schien – Tatsache bleibt, dass auch dieser Vorschlag zu den Akten gelegt wurde. Selbst Otto Wagner, der Ende des 19. Jahrhunderts mit dem heute etwas sonderbar anmutendem Vorschlag an den Magistrat herantrat, insgesamt sieben Leichenhallen bei den Stadtbahnstationen zu errichten, von wo die Toten *„zu einer Ankunftstation am Zentralfriedhof transportiert werden"* sollen, fand damit bei den zuständigen Stellen kein Gehör.

Also blieb den Wienern nichts anderes übrig, als auf bessere Zeiten zu warten, die sich allerdings erst zu Beginn des 20. Jahrhunderts einstellten, als die Straßenbahn, jetzt unter der Nummer 71, elektrifiziert wurde und das Auto mehr und mehr an die Stelle von Pferdekutschen trat. In letzter Zeit kann ein Teil der Strecke auch mit der U-Bahn gefahren werden.

# Der Tod im Barock

Keine Epoche hat das Nebeneinander von Leben und Tod, von Diesseitsbejahung und Vergänglichkeit, Lebensfreude und Todesahnung so drastisch darzustellen gewusst wie das Barock. Der fiedelnde Tod, der uns das Lied aller Eitelkeiten und Vergänglichkeiten singt, der triumphierende Sensenmann, der mit infernalischem Gelächter alles niedermäht, was ihm entgegenkommt, begegnet uns hier ebenso häufig wie üppige, ausschweifende, das Leben feiernde irdische Genüsse.

Wie unerwartet der Tod zuschlagen konnte, wie schnell blühendes Leben ausgelöscht war, hatten die Menschen in den furchtbaren Jahren des Dreißigjährigen Krieges ebenso wie unter der Geißel der damaligen Menschheit, der Pest, erfahren. Ihre unbändige Lebenssehnsucht wie das Wissen um Krankheiten, Elend und Tod hielten sie in Kunstwerken fest, das Bewusstsein, den Augenblick genießen zu müssen, trieb sie zu großartigen, das Dasein verherrlichenden Festen. Und dieses barocke Paradoxon ist dem Wiener bis heute als wichtiges Wesensmerkmal geblieben. Es hat sich, lediglich ein wenig verwaschen, verwässert, verniedlicht und verkitscht, bis in die Gegenwart hinein gehalten. Es kommt im „lieben Augustin“ ebenso wie im Heurigenlied zum Ausdruck. Es zeigt sich in jenem engen Nebeneinander von Leben und Tod, das die Lebenslust des Wieners auf der einen Seite fördert, auf der anderen jedoch auch lähmt. Weil „eh alles wurscht" ist und eh „alles hin" – warum sich da noch besonders anstrengen, warum noch große Werke schaffen, wenn sie ohnedies nur der Vergänglichkeit anheimgegeben sind. Es ist jener tief verwurzelte Pessimismus des Wieners, der es nötig hat, sich im „optimistischen Wiener" ein Gegengewicht zu schaffen, der, wie weiland Augustin, einem Phönix gleich der Asche von Pest und Tod entsteigt, um, lustig weiterfiedelnd und sein Weinderl trinkend, die Schatten des Grauens zu verdrängen. Dass allerdings die Wurzeln dieser ebenso oft gepriesenen wie beschimpften, auf jeden Fall aber charakteristischen Geisteshaltung in der Barockzeit liegen, ist für das Verständnis wienerischer Mentalität von großer Bedeutung.

Es ist auch kaum zu verwundern, dass dieser barocke Geist nicht nur grandiose Feste und Spektakel, sondern ebenso einen prunkvollen Begräbnis-Pomp ersonnen hat. Fand doch im Begräbnisritus dieses Nebeneinander von Leben und Tod sichtbarsten Ausdruck und eigentliche Bestätigung. Indem einerseits das Leben als Theater, als Spektakel, Fest betrachtet wurde, und somit als etwas Unbeständiges, Vorübergehendes, dessen Kulissen weggeräumt, dessen Zelte abgebrochen werden können, so hüllte man andererseits den Tod in die prächtigen Gewänder des Diesseits, um damit beide auf einer Ebene zu vereinen. Nicht nur die Gebeine der Heiligen wurden mit Gold und Edelsteinen behangen, auch die schön gekleideten Leichname von Fürsten und Herrschern wurden auf dem sogenannten „Schaubett", umgeben von allen Insignien der Macht, dem vorbeidefilierenden Volk präsentiert. Womit nicht nur dem Tod gehuldigt, sondern gleichzeitig auch irdische Macht und Herrlichkeit dokumentiert werden sollte.

## Festapparate für den Tod

Eine besondere Form, verstorbene Herrscher zu ehren, bestand in der Errichtung eines sogenannten Trauergerüstes, einem prächtigen Aufbau aus Holz, bemalter Leinwand und anderen Textilien, der reichlich mit Skulpturen, Malereien und Inschriften verziert war und Macht und Herrlichkeit des Verstorbenen demonstrieren sollte. Vorläufer dieser Trauergerüste, mit denen hochgestellte Persönlichkeiten des Adels oder Klerus geehrt wurden, finden sich im Mittelalter in der Form der sogenannten „Chapelle ardente“ (brennenden Kapelle), einem über längsrechteckigem Grundriss konstruiertem Holzgerüst, dessen vier Stützen ein Dach mit aufgesteckten Kerzen trugen. So wie diese, waren allerdings auch die Trauergerüste nicht für lange Dauer bestimmt: nach einem gewissen Zeitraum wurde die ganze Pracht abgerissen – auch damit das Illusionistische, für das Zeitalter des Barock so charakteristische Theaterhafte betonend, in dem der Gedanke an die Vergänglichkeit alles Irdischen zum Ausdruck kam. Gleichzeitig jedoch versinnbildlichten diese prunkvollen Festapparate die Realität absoluter Herrschaft des „Sacrum Imperium“ über den Tod des einzelnen hinaus. Was überlebte, war die Kontinuität habsburgischer Macht. Sehr deutlich kommt dieser Gedanke etwa im Trauergerüst Kaiser Leopolds I. zum Ausdruck, das Andrea Pozzo 1705 im

Auftrag der Jesuiten geschaffen hat: Eine Kampfszene über dem Baldachinhimmel stellt das Ringen der Personifikation des „Österreichischen Glücks" und der „Beständigen Herrschaft" mit dem Tod dar. In ihrem Kampf um das „L", die Initiale des verstorbenen Herrschers, zerbricht der Buchstabe und übrig bleibt das „I" – der Anfangsbuchstabe des nachfolgenden Kaisers Joseph (Iosephus). Leopold lebt also in Joseph fort, wie ein Spruchband verkündet.

Damit hatte die Ausstattung der Trauergerüste einen Höhepunkt erfahren, der sechs Jahre später mit dem von Heraeus und Fischer von Erlach entworfenem „Rogus Funebris" für Joseph I. eine Fortsetzung erfuhr: ein prachtvoller, in Formen und Farben schwelgender Aufbau, der in seiner triumphalen, den Herrscher zum Gottmenschen erhebenden Pose kaum noch zu überbieten war. Insgesamt sechs Trauergerüste hatten den Tod dieses Kaisers entsprechend zu würdigen. Bei seinem Nachfolger, Kaiser Karl VI., waren es fünf.

Große Künstler wie Fischer von Erlach und Lucas von Hildebrandt lieferten Entwürfe zu diesen Festapparaten, die ab der Mitte des 17. Jahrhunderts deutlich von antiken Vorbildern beeinflusst waren. Nachdem jedoch der barocke Überschwang abgeflaut war und das Reich nach den großen Siegen über die Türken und Franzosen um seine Existenz zu bangen begann, verlor auch das Trauergerüst, sichtbarstes Zeichen einer den Reichsgedanken verherrlichenden Pompa funebris, an Bedeutung. In der Mitte des 18. Jahrhunderts, unter dem Druck sozialer Spannungen und der beginnenden Aufklärung, beschloss Kaiserin Maria Theresia, diesen aufwendigen Brauch dahingehend zu vereinfachen, dass nur noch ein einziges kleines Gerüst angefertigt wurde, welches bei jedem Trauerfall, lediglich mit einer geänderten Inschrift, zur Aufstellung kam. Was sich der Hof ab nun versagte, wurde jedoch in der Folge zur Angelegenheit der reichen Wiener Bürgerschaft, die sich die Gunst des Kaiserhauses erhalten wollte: In ihrem Auftrag sorgten prunkvolle, von namhaften Künstlern entworfene Trauergerüste noch bis ins 19. Jahrhundert dafür, dass dem toten Herrscher diese ausschweifenden Ovationen barocker Sinnesfreude geboten wurden.

# Leichenpomp der Habsburger

Über den Aufwand, mit dem die Habsburger begraben wurden, liegen uns zum Teil sehr genaue Aufzeichnungen vor. Normalerweise wurde der Leichnam geöffnet, Eingeweide und Herz herausgenommen, wobei ersteres in einem kupfernen Kessel in der Herzogsgruft von St. Stephan und letzteres in einem silbernen Becher in der Lorettokapelle in der Augustinerkirche beigesetzt wurde. In einer zeitgenössischen Beschreibung der Begräbnisfeierlichkeiten anlässlich des Todes von Maria Theresia wird dann von der Aufbahrung des einbalsamierten Leichnams in der Hofkapelle auf einem *„4 Stuffen hohen unter einem schwarzen Baldachin errichteten, mit sehr vielen brennenden Waxlichtern ringsherum umgebenden Trauergerüste“* berichtet, wo die Tote in einem offenen Sarg zur Schau

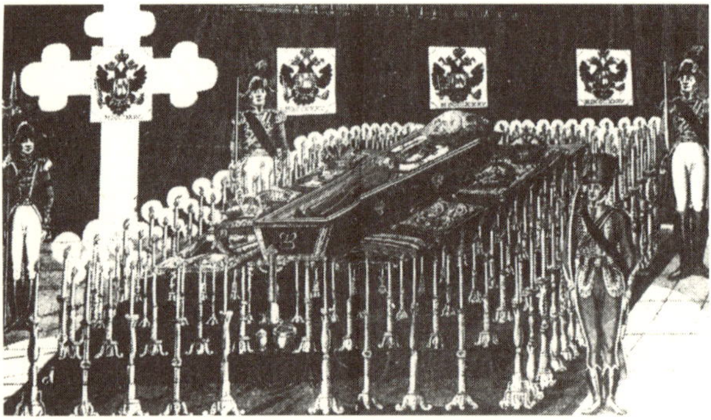

Ausstellung des Leichnams Seiner Majestät

gestellt wurde, während *„auf 6 schwarzen goldbestückten Polstern die kaiserliche, ferner die königlich-ungarischen und böhmischen Kronen, nebst Szepter und Erzherzogshut, hinter dem Kopf die Ordenszeichen“* Macht und Einfluss des Kaiserhauses dokumentierten.

Drei Tage lang durften zu bestimmten Zeiten abwechselnd Angehörige des Adels, hohe Minister und das Volk daran vorbeidefilieren, wobei ständig Messen an fünf Altären gelesen wurden und Glocken *„in und vor der Stadt“* läuteten. Am vierten Tag morgens um 7 Uhr früh wurde die tote Kaiserin nach vorheriger mehrmaliger Einsegnung in den sechsspännigen und schwarz ausgespannten Hofleichenwagen getragen, neben den zwölf Edelknaben in Trauerkleidung mit brennenden Windlichtern, außerdem zwei kaiserliche Leiblakaien mit unbedecktem Haupt und je sechs Mann von der k. k. Arcieren Leibgarde und der königl. ungar. adeligen Leibwache gingen. Vor dem Leichenwagen kam die Kavallerie nebst den Wagen des Adels und der Kammerdiener zur Aufstellung, hinter dem Wagen zogen die Leibgarde zu Pferd mit Trompeten und Pauken und die Wagen des weiblichen Hofpersonals. Während die Angehörigen des Kaiserhauses nebst allen Ministern, geheimen Räten und Hofdamen in der Kapuzinerkirche auf die Beisetzung warteten.

In eine bereits nüchterner werdende Welt der Aufklärung hinein hat also hier die „barocke Leich“ ihre letzten Triumphe gefeiert. Aber auch 15 Jahre vorher hat Maria Theresia ihrem verstorbenen Gemahl Franz Stefan von Lothringen ein Prunkbegräbnis bereitet. In der Nacht, bei Fackelschein, wurde der Herrscher mit düsterer Pracht zu Grabe getragen, während das Volk die Anweisung erhielt, alle Fenster, an denen der Leichenzug vorbeikam, durch Kerzen zu erhellen.

Rudolf Felmayer hat in seinem Buch „Barocker Kondukt oder: a scheene Leich Anno 1765“ dieses Ereignis poetisch kommentiert:

*„Das ist ein Fest der Finsternis und alle sind dabei!*
*Seit Mittag machen s' schon Spalier*
*aus d'Fenster fallen s' beim Ausschaun schier*
*die Straßen lang hat jedes Haus*
*sein Trauerfahn herausgeschwenkt*
*die Stockwerk sind mit schwarzem Tuch*
*als wie ein Katafalk verhängt*
*in jedem Lugaus, jeder Luken*
*siehst jetzt die Totenfunzeln zucken.*
*Ganz Wien in seiner Trauerkluft*
*weist seinem Herrn den Weg zur Gruft ...“*

Aber nicht nur Angehörigen des Kaiserhauses, auch jenen des hohen Adels ebenso wie berühmten Feldherrn wurde ein Monsterbegräbnis zuteil, das häufig den Charakter einer Haupt- und Staatsaktion erhielt. Als Prinz Eugen starb, war die ganze Stadt auf den Beinen, um sich den Anblick dieses Spektakels nicht entgehen zu lassen. Den pompösen, mit jedem nur erdenklichen Prachtaufwand gestalteten Leichenzug beschreibt Alexander Lernet-Holenia minutiös in seiner Prinz-Eugen-Biographie:

*„Voraus zogen mit Kruzifixen und Windlichtern, brennenden Kerzen in Händen, Scharen aus*

*dem Armenhaus in der Alstergasse, um anzudeuten, daß der einst so reiche und mächtige Prinz nunmehr so arm geworden sei wie sie selber, danach folgten Hunderte von Menschen aus dem Spitale, das gleichfalls in der Alstergasse (Alserstraße) lag, anderthalb Dutzend invalider Offiziere, die unter Eugen gedient hatten, ein halbes Hundert Männer aus dem Johannes Nepomucenus-Spital und ein Viertelhundert aus dem Hofspital;"*

Diesem Aufmarsch schlossen sich, ebenfalls mit Kruzifixen und von Fackelträgern begleitet sechshundertachtzig Ordensleute an:

*„von den Trinitariern, den Karmelitern, den Servilen, den Augustinerbarfüßern, den Paulanern, den Barmherzigen Brüdern, den Kapuzinern, den Augustinern von der Landstraße, den Minoriten, den Franziskanern und den Dominikanern; Dann kamen die Jesuiten und weltlichen Geistlichen, Pfarrgeistliche aus der Leopoldstadt, von den Schotten, aus dem Bürgerspital und von Sankt Michael, alle mit Kruzifixen und Kerzen."*

Der Geistlichkeit folgte die Infanterie und Kavallerie: der Oberstleutnant des Chauviraischen Kürassierregiments und 145 Mann zu Pferde in Helmen, Kürassen und mit allen Waffen. Ein Hauptmann zu Fuß mit 124 Mann von der kaiserlichen Leibgarde, sechs mit je vier Pferden bespannte Feldgeschütze sowie wieder ein Hauptmann mit zwei Fähnlein, welche mit einem Trauerflor behangene, zur Erde geneigte Fahnen trugen, und 284 Mann des Garderegiments. Diesen folgten fünf Adjutanten zu Pferde, 26 kaiserliche Musikanten in Trauerkleidern, 17 Kuraten und nochmals zehn Domherrn von St. Stephan sowie die übrige Geistlichkeit mit einem Weihbischof. Dann kam endlich der Sarg, überhangen mit einem schwarzsamtenen, goldbordierten und befransten Bahrtuch, dessen Enden vierzehn Feldmarschalleutnants trugen. Flankiert wurde der Sarg von 36 Kerzenträgern, und gefolgt von dem Leibpferd Prinz Eugens mit auf dem Sattel gebundenem Harnisch, das von zwei völlig Gepanzerten geführt wurde samt neun weiteren, ganz mit Trauertuch überhüllten Pferden. Daraufhin abermals ein Zug von Pagen, Kavalieren, Hausoffizieren, Bediensteten, Jägern, Kürassieren und *„Personen von geringem Stand"*, bezeichnenderweise aber keinerlei Angehörige Eugens, auch niemand aus dem Kaiserhaus, obwohl er mit diesem verwandt gewesen war.

Natürlich bedurften derart aufwendige Leichenfeiern eines sorgfältig und bis ins Detail ausgearbeiteten Konzepts, das häufig bereits bei Lebzeiten des Kaisers oder Feldherrn von eigens hiefür bestallten Hofbeamten zusammengestellt worden war. Wie ja auch die Herrscher selbst mit einer heute nicht mehr ganz nachvollziehbaren Todes Vertrautheit und Todesnähe oft alle nötigen Vorbereitungen, manchmal bis ins kleinste Detail genau, ausgearbeitet hatten. Maria Theresia zum Beispiel ließ bereits 20 Jahre vor ihrem Tode jenen berühmten Doppelsarkophag in der Kapuzinergruft für sich und ihren Gemahl anfertigen, ihre Totenkleider hatte sie schon 10 Jahre, die Sandalen dazu 15 Jahre vor ihrem Tod bereitgestellt, und die hölzerne Bahre wartete in der Schatzkammer bei den Kapuzinern 14 Jahre auf ihre Bestimmung.

Dass sich der habsburgische Pomp bis herauf in das 20. Jahrhundert erhalten hat, beweisen die

Begräbnisfeierlichkeiten Kaiser Franz Josephs I., über die in der „Wiener Zeitung“ vom 1. Dezember 1916 berichtet wird:

*„Kein Mensch kann sich wohl einer solchen Trauerfeier erinnern wie der gestrigen, die ganz Wien, ganz Österreich und Ungarn in ihren Bannkreis zog ... die Aemter haben früher geschlossen, viele Geschäfte gesperrt. Die Häuser, ja ganze Gassen waren verödet. Alles, alles war in die Stadt geströmt, groß und klein, jung und alt, Männer, Frauen und Kinder.“*

Die Feierlichkeiten dauerten mehrere Tage, der mit großem Gepränge ausgestatteten Überführung von Schönbrunn, wo Kaiser Franz Joseph starb, in die Hofburgkapelle folgte dort die dreitägige öffentliche Aufbahrung. Am vierten Tag bewegte sich der prächtige Leichenzug nach St. Stephan zur Einsegnung:

*„Das Riesentor verschwand unter den schwarzen Draperien, und ein Blick in die Kirche, die hell erleuchtet war, zeigte sie selbst in tiefstem Trauerschmucke, würdig, den toten Kaiser zu empfangen. Der gesamte Innenraum war schwarz drapiert, schwarzes Tuch zog sich an den Säulenschäften und an den Strebepfeilern hinan ... Der Estrich verschwand unter dem deckenden Tuche, und die Betschemeln und Kniebänke waren schwarz verkleidet.*

*In verschwenderischer Fülle sind an den Wänden und in allen Nischen Blattpflanzen und Palmen verteilt. Ebenso verschwenderisch ist Licht über den Dom ausgegossen. Alle Lichter der Dombeleuchtung brennen, und dazu strahlt Licht von den Kerzen der zahllosen Silberleuchter, die den mächtigen Katafalk umgeben, auf dem der Sarg mit der Leiche des*

*Monarchen gebettet werden soll. Auch ihn umgeben dicht wie ein Hain Blumen sonder Zahl ...“*

Nach der Einsegnung bewegte sich der Zug, gefolgt von sämtlichen Würdenträgern und von den Angehörigen des Kaiserhauses (auch der kleine Kronprinz Franz Joseph Otto – *„weiß gekleidet mit einer Schärpe“* – wird erwähnt) zur Kapuzinergruft, wo der Sarg als letzter einer ehrwürdigen Reihe aufgestellt wurde. Wie die „Wiener Zeitung“ berichtet, soll er zuvor noch einmal geöffnet worden sein, worauf, einem Zeremoniell entsprechend, der Oberhofmeister den Pater Guardian fragte, ob er in dem Verstorbenen den Kaiser erkenne. Auf Bejahung sei dann der Sarg geschlossen und mit zwei Schlüsseln versperrt worden, die den Kapuzinern zur Obhut übergeben wurden.

## Bis sie „toll und voll“ wurden ...

Obwohl jedoch die Leichenfeiern von Königen und Fürsten ein Schauspiel boten, das häufig den Charakter eines Volksfestes annahm, sahen es die Landes- und Stadtväter in der Regel nicht sehr gerne, wenn auch ihre – reichen – Untertanen diesbezügliche Ambitionen entfalteten. Bei den zahlreichen Einschränkungen und Erlässen, die bürgerlichen Prunk beschneiden sollten, dürften nicht nur volkswirtschaftliche Bedenken, sondern auch Neid und Eifersucht eine Rolle gespielt haben. So kam es bereits im Mittelalter, nämlich 1310, zu einem Verbot des Provinzialkonzils zu Trier, das jeden Begräbnisluxus bei Strafe der Exkommunikation verbot. Und auch in den folgenden Jahrhunderten versuchte man durch die verschiedensten Bestimmungen, den Bürger in seine Schranken zu weisen. Es durften keine kostbaren Tücher über Sarg und Bahre gebreitet werden, auch wurden Leichentücher vorgeschrieben, die von den Pfarren gegen ein bestimmtes Entgelt bereitgehalten wurden. Die Zahl der geladenen Gäste und die Zahl der Gerichte wurde amtlich festgesetzt, ebenso jene der „Seelschwestern“ (Klageweiber), die nur in beschränkter Anzahl ihren Schmerz äußern durften.

Liest man in zeitgenössischen Berichten, so scheinen diese Verordnungen allerdings tatsächlich – zumindest zum Teil – ihre Berechtigung gehabt zu haben. Vor allem die übertriebenen Schlemmereien bildeten eine Zielscheibe für Traktate und Spottgedichte. Voll Empörung äußert sich zum Beispiel ein Prediger im Jahre 1573 über die Üppigkeit bei Begräbnissen, die jenen bei Hochzeiten und Kindstaufen in nichts nachstünden. 80, 100, 160 und mehr Gäste habe er gesehen, die *„toll und voll wurden, hinterm Tisch wie ein Stock umfielen oder sich führen lassen mußten, und letztlich Sackpfeifer, Leierer und Trommelschläger geholt werden, um der Seele, wie man gesagt hätte, aufzuspielen und sie in den Himmel zu gleiten"*.

Ein anderer Berichterstatter, Sigmund Evenius mit Namen, meint ebenfalls im 16. Jahrhundert: *„Man trauert meistenteils mit dem Habit allein, ohne Herzensbetrübnis, wie aus dem häuslichen Schlampampen oft auf zwei, drei, vier Tischen mit den stattlichsten Trachten und kostbarlichen Getränken, auch wohl mit Nöthigung der Trauerleute zum Trunk und Aushaltung derselben bis in die finstere Nacht hervorgeht, mit Fürwendung, daß die Seel recht müßte vertrunken werden."* Zahlreiche Satiren jener Zeit nehmen sich dieses Themas an, wie etwa jener Vers aus dem 17. Jahrhundert:

*„Wenn das Grab ist zugeworffen Wird der*
*Todt erst gar versoffen*
*In dem Sterbhaus nach dem Todt*
*Wo man Todtenmahlzeit haltet*
*Da der Leichnam kaum erkaltet*
*Ißt und trinckt wohl über Noth."*

Die Einladung zu Begräbnisfeierlichkeiten und Totenmahl hatten in diesen Zeiten die weißgekleidete „Bittfrau" oder der „Leichenbitter" zu überbringen, die von Haus zu Haus gingen und Tag und Stunde der Feier verkündeten. Sie erfüllten die spätere Funktion des „Partezettels“, den es im 16., 17. und auch 18. Jahrhundert – zumindest in gedruckter Form – noch nicht gab.

Zu diesen Leichenfeiern, die häufig einen vollen Tag, bzw. Tag und Nacht in Anspruch nahmen, gehörte natürlich auch die passende Garderobe. Ein entsprechender Vorrat an Trauerkleidern musste daher jedem gutsituierten Bürger vergangener Jahrhunderte zur Verfügung stehen. Als Farbe der Trauer galt seit frühester Zeit das Schwarz, wobei Witwen einen weißen Tuchstreifen über den Ärmel hefteten. Im 15. und 16. Jahrhundert kam es zuweilen sogar zu ausgesprochen extravaganter Bekleidung, dann trugen die Trauergäste sogenannte „Laidkappen“ und lange, wallende Gewänder wie die Mönche („Kappenzipfel“), welche später zur Mantelform entwickelt wurden.

Es versteht sich von selbst, dass auch die Begräbnisstätten trotz etlicher, immer wieder umgangener Einschränkungen dem geleisteten Aufwand bei der Leichenfeier in nichts nachstanden. Auch hier begannen die reichen Kaufleute den Adel nachzuahmen. Bevorzugte dieser für seine Familiengrüfte Kirchen und Kathedralen und beauftragte namhafte Künstler mit deren Ausgestaltung, so kam es im reichen Bürgertum des Barock zu einer richtigen „Gräberpoesie“; den Vorzügen des Verstorbenen wurde in ausschweifenden Worten gehuldigt, seine Taten, sein Charakter, sein Lebenswandel in blumigen Ausdrücken gepriesen. Nur noch in der sogenannten „Gründerzeit“ gegen Ende des vergangenen Jahrhunderts hat sich das Großbürgertum zu ähnlichen Demonstrationen seiner Macht und seines Einflusses aufgeschwungen.

Spätbarocker Überschwang war noch in den Grabinschriften des ausgehenden 18., ja selbst des beginnenden 19. Jahrhunderts zu spüren – trotz Aufklärung und den Reformen Josephs II. Sie liefern mit ihren ausschweifenden Lobpreisungen und Huldigungen einen Beitrag zur Sitten- und Kulturgeschichte, teils rührende, teils kitschige, einem anderen Weltverständnis zugehörende Epigramme, die unserer heutigen Sicht wie etwas sonderbare Relikte einer vergangenen Zeit erscheinen. Wie etwa jene Grabschrift aus dem Jahre 1804:

*„Dieser Stein deckt die irdische Hülle der edelsten, tugendhaften Gattin und Mutter. Ewig wird ihr trauernder Gatte und Kinder ihren frühen Verlust mit heissen Thränen beweinen, und in seinem Herzen das Denkmal ehelicher und kindlicher Liebe mit Dankbarkeit aufbewahren. Ihre angebohrne Herzensgüte und Sanftmut wird ihr Andenken allen jenen, die sie kannten, unvergeßlich machen. Ruhe sanft, und ärndte nun verklärt den Lohn deiner ausgeübten Tugenden, durch die du eine Zierde deines Geschlecht warst. Maria Anna Seitz, geb. Wurm. Ward geboren den Iste July 1774. Verehelichte sich mit Joseph Seitz den 3ten Februar 1796 und endete ihren schön begonnenen Lebenslauf den 3ten Jänner 1804 im 29.ten Jahre ihres Alters.“*

Oder diese Lobpreisung eines Beamten, der alle Tugenden in sich vereint haben muss:

*„Hier liegt Joseph Pehem, der Rechte Doktor, Professor des Kirchenrechts, Repräsentant der jurid. Lehrerversammlung, k. k. n. Ö. Regierungsrath, geboren zu Stockach in Vorderösterreich 1740, gestor-*

*ben am 17ten May 1799. Durch Wohlwollen, Redlichkeit, Geradheit, Biedersinn, Rechtschaffenheit, der Hochachtung, der Liebe würdig; unbekannt durch Feindschaft, berühmt durch gelehrte Werke, unvergeßlich durch Lehren; Muster durch Befolgung um Vater, Gottes, Kinder, Bruders, und Freundespflichten. Aus Neigung und Überzeugung Patriot.“*

Erschütternd die Grabschrift für ein Kind, die uns an die hohe Kindersterblichkeit jener Zeit gemahnt:

*„Theresia Wappler: 1789–1794*
*Wie dich mein Mutterherz geliebt*
*zeigt dieser Stein*
*Wie dich mein Mutterherz beklagt*
*weiß Gott allein.“*

## Von Armen, Selbstmördern und „unehrlichen Berufen"

Während also Adel und reiches Bürgertum seinen Verstorbenen würdige Grabstätten bereitete, mussten die Armen ihre Toten häufig außerhalb der Stadt an den Wegkreuzen verscharren, weil sie das Wenige für ein einfaches Begräbnis nicht aufbringen konnten. Dass es allerdings bereits früh an Bemühungen nicht fehlte, auch den Ärmsten der Armen ein Begräbnis in geweihter Erde zu ermöglichen, beweist u. a. eine „Conducts"-Ordnung vom 15. Februar 1751, in der Maria Theresia bestimmte, dass *„Die armen Leute, welche ausser einigen geringen Haus Rath nichts verlassen, und deren Mittellosigkeit durch obrigkeitliche Zeugnuß oder auch von dem Grundrichter bescheiniged wird, aus christlicher Lieb und Barmherzigkeit ohne alle Tax und Stollgebühr umsonst zu begraben"* seien. Weiters heißt es in dieser Verordnung, dass alle *„Kirchen – Vatter und Administrators"* von den Armen nichts erpressen sollten, außerdem dürften *„Steuerdiener, Meßner, Kirchendiener, Conduct Ansager und Tragere"* kein Brot und Wein oder Geld verlangen, *„widrigens dieselben nicht nur ihres Dienstes verlustigt, sondern anbey mit empfindlicher Bestrafung angesehen werden sollten"*. Dass derlei durchaus üblich und an der Tagesordnung war, bestätigen viele zeitgenössische Berichte. An dem willkürlichen und zahllosen Festsetzen der Preise hat sich auch später, obwohl Maria Theresia genaue Gebühren festlegte, wenig geändert, und auch die folgenden Reformen Josephs II. wurden häufig umgangen. Dass ein Begräbnis für den einfachen Bürger zu einer ungeheuren finanziellen Belastung wurde, zeigt eine Kostenrechnung aus dem Jahre 1743. Danach wurden die Begräbnisse in drei Klassen eingeteilt, die erste Klasse „mit dem großen Geläut" kostete 171 Gulden 44 Kreuzer, die zweite „mit dem Fürsten Geläut" 92 Gulden 74 Kreuzer, und die dritte „mit dem kleinen Geläut" 39 Gulden. Wenn man den Wert des Guldens und die Preise der Konsumgüter der damaligen Zeit berücksichtigt, erscheinen die Kosten nahezu unerschwinglich. 1784 ordnete Joseph II. dann die Beisetzung in Schachtgräbern an. Ein eigenes Grab wurde zum Vorrecht weniger Privilegierter, denen auch im Tod gestattet wurde, was ihnen zu Lebzeiten unbenommen war: nämlich das Recht auf Absonderung von den Massen. Nach dem Tod Josephs II. wurden zwar wieder mehr eigene Gräber zugelassen, aber noch 1803 machte man deren Errichtung von einer – damals noch unentgeltlichen – Bewilligung der niederösterreichischen Landesregierung abhängig, und ab 1807 hob man dafür eine Taxe ein.

Um die Leichen der Ärmsten kümmerten sich auch häufig die Spitäler, die meist von geistlichen Orden unterhalten wurden. Denn ganz im Gegensatz zu heute waren es bis ins 19. Jahrhundert nur die Angehörigen niederer Schichten, die ihr Leben im Spital beendeten – wer auf sich hielt, starb zu Hause. Immerhin jedoch wurden diese „Spitalleichen" von den Ordensgeistlichen versorgt und nach einer kurzen Einsegnung in der Spitalskapelle im Gemeinschaftstransport auf die Friedhöfe gebracht, wo sie dann, in Säcke eingenäht (bei ihnen hat sich diese Verordnung Josephs II. erhalten), beigesetzt wurden.

Meist fanden die Leichentransporte dieser Armen zur Nachtzeit statt, denn während das Ableben eines Reichen zu einem Spektakel für die Nachwelt wurde, empfand man den Tod eines Armen als eine Belästigung. Er wurde entweder sogleich, oder aber am nächsten Morgen in einem Massengrab, ohne jede Zeremonie und häufig auch ohne Beisein von Verwandten begraben.

Dass allerdings Schachtgräber selbst nach dem Tod Josephs II. durchaus nicht nur für die Armen, sondern auch für den normalen Sterblichen bestimmt waren, zeigt jene die Nachwelt verwirrende Tatsache, dass sogar Mozart in einem dieser Massengräber beigesetzt worden war. Daraus und aus dem damaligen Begräbnisritus lässt es sich auch erklären, dass sein Grab später nicht mehr gefunden wurde, seine sterblichen Überreste verschollen blieben. Die Beisetzung in einem Schachtgrab entsprach seinem Stand sowie seinen finanziellen Verhältnissen, und dass die Trauergesellschaft lediglich bei der Einsegnung in der Stephanskirche und nicht auch am Friedhof anwesend war, findet seine Begründung in den damaligen Gepflogenheiten. Ebenso das Fehlen eines Gedenksteines, der durch ein Hofdekret von 1784 für Angehörige des bürgerlichen Standes ausdrücklich untersagt worden war. Später hat man die Schuld an dieser peinlichen Tatsache, dass *„einer der größten Menschheitsbeglücker sang- und klanglos, ohne daß auch nur eine einzige liebende Seele ihm nachgeblickt“*, in ein Massengrab versenkt wurde, seiner Frau Constanze angehaftet, die, als sie nach vielen Jahren sein Grab besuchen wollte, von einem inzwischen neuen Totengräber nicht mehr über den genauen Standort informiert werden konnte. Neuere Geschichtsforschung hat jedoch ergeben, dass die Frau durchaus im Rahmen damaliger Sitten handelte, das auch deshalb, weil Mozarts eigentliche Bedeutung zu Lebzeiten gar nicht erkannt worden war. Über sechzig Jahre danach versuchte die Gemeinde Wien ihr diesbezügliches schlechtes Gewissen durch ein prunkvolles Denkmal zu beruhigen, das Hans Gasser an der durch Erhebung ermittelten vermutlichen Grabstätte errichtete und das dann zu Anlass von Mozarts 100. Todestag 1891 auf den Zentralfriedhof verlegt wurde.

Jenes Denkmal jedoch, welches heute noch in der zu einem Park umgewandelten St. Marxer Anlage zu sehen ist, hat ein pietätvoller Friedhofswärter aus den Resten verfallener Grabdenkmäler zusammengestellt, damit Mozarts – neuermittelte – Grabstätte nicht wiederum in Vergessenheit gerate. Möglicherweise ist es mit seiner zerbrochenen Säule und dem trauernden Genius sogar eher geeignet, Nachdenkliches über die Zeiten hin zu fördern, als Gassers Prunkdenkmal an unpassendem Platz.

Dass man aus dieser Angelegenheit für die Zukunft gelernt hatte, zeigt das Begräbnis Beethovens, das 26 Jahre später unter Anteilnahme einer riesigen Menschenmenge mit Musikkapelle, 36 Fackelträgern und im Beisein von prominenten Freunden wie Grillparzer, Schubert, Raimund und Anschütz stattgefunden hat – wozu man auch *„ein Extragrab“* besorgte, wie ein Biograph, der Sänger und Regisseur der Hofoper Ludwig Cramolini, berichtet, *„sonst wäre er am Ende gleich Mozart mit 5 oder 6 anderen in eine Grube gekommen ...“*

Der Gegensatz zwischen Arm und Reich, Klassen und Ständen über den Tod hinaus bestimmte jedoch noch das ganze 19. Jahrhundert. Eine Besserung trat 1868 ein, als die Gemeinde Wien die Wiener Friedhöfe übernahm, worauf man die Preise so auszurichten versuchte, dass sich auch der Arme zumindest ein einfaches Begräbnis leisten konnte. Dass die Situation in der Realität jedoch nach wie vor kaum besser aussah, beschreibt ein Artikel im „Wiener Extrablatt“ aus dem Jahre 1886:

*„Es sind zwei düstere Bilder aus dem Leben unserer Großstadt. Das eine – die Pracht und den Pomp des Leichenbegräbnisses darstellend.*

*Die Andere, eine düstere Szene, die wohl noch wenige Sterbliche erblickt haben. Der Zentralfriedhof ist zur Nachtzeit kein angenehmer Ort, und wenn jener unheimlich große Wagen in der riesigen Totenstadt angerasselt kommt, dann befindet sich dort selten jemand außer den Totengräbern. Für diese hat der große Leichenwagen, der die Armen und Elenden zur letzten Ruhestätte bringt, keinen Schrecken mehr. Sie fertigen diese ‚Post des Todes‘ mit der Ruhe und Sicherheit pflichttreuer Beamter ab.*

*Die zahllosen Toten, die da Tag für Tag in roh gezimmerten Särgen sang- und klanglos hinausgeführt und zu nachtschlafender Stunde begraben werden. Niemand kennt sie, niemand kümmert sich um sie, wo ihre Gebeine vermorschen, selten findet sich eine pietätsvolle Seele, die auf jene schmucklosen Riesengrabhügel ein bescheidenes Kränzlein legt, ein Bäumchen pflanzt.*

*Wie anders hingegen präsentiert sich die prunkvolle Gruft des Reichen, der aus seinem Palaste hinausgeführt wird zur letzten Ruhestätte. Verschwendung und Sucht zu glänzen, spielen da keine geringe Rolle. Es ist heutzutage nahezu ein Sport der Reichen geworden, am Allerseelentage sich gegenseitig im prächtigen Gräberschmuck zu überbieten, und der größte Teil des Publikums geht nicht mehr aus Pietät auf den Friedhofe, sondern um möglichst viel zu sehen. So krass die Gegensätze zwischen Arm und Reich im Leben uns entgegentreten, so auch im Tode.*"

Selbst 1907, nach Verstaatlichung des Begräbniswesens und Ausarbeitung eines Preisangebotes für alle Bevölkerungsklassen, bedeutete ein Leichenbegängnis einfachster Art mit 16 fl (Florentiner Gulden) für jeden Arbeiter seinen finanziellen Ruin. Wenn man sich überlegt, dass der Durchschnittslohn eines Arbeiters 7,80 fl pro Woche betrug, dass er aber, um mit einer Familie mit mehreren Kindern einigermaßen gut leben zu können ein Vielfaches gebraucht hätte, dann kann man ungefähr begreifen, was ein Sterbefall damals für arme Familien bedeutet hat.

Was den Armen jedoch gegen ein – allerdings unverhältnismäßig hohes – Entgelt immerhin gewährt wurde, blieb den Selbstmördern ebenso wie den Angehörigen der sogenannten unehrlichen Berufe verwehrt: nämlich ein christliches Begräbnis in geweihter Friedhofserde. Selbstmörder, die damals meist der ärmeren Schicht angehörten, durften erst ab 1880, und dann möglichst unauffällig und in aller Stille, am Friedhof bestattet werden. Nach christlicher Glaubensvorstellung hatten sie dem Schöpfer vorgegriffen, der alleiniger Herr über Tod und Leben war, und das hatten sie mit Ächtung zu büßen. Eine Ausnahme bildete dabei der Selbstmord in geistiger Verwirrung, für den die betreffende Person nicht verantwortlich zu machen war. Besonders bestraft wurden jene, die sich der Hinrichtung oder Folter durch Selbstmord entzogen hatten. Ihnen drohte das sogenannte „Eselsbegräbnis", das heißt, ihr Leichnam wurde *„auf einer Karre fortgeschleppt und alsden auf den Schindanger oder an einen anderen unehrlichen Ort geworfen"*. Darüber hinaus wurde ein solches Vergehen mit der Beschlagnahmung sämtlicher Güter geahndet, wovon vor allem die Angehörigen getroffen wurden.

Während jedoch Selbstmörder für eine Sünde zu büßen hatten, wurden Angehörige der sogenannten unehrlichen Berufe für die Art ihrer im Leben ausgeübten Tätigkeit bestraft. Abdecker (Schinder), die mit Tierkadavern zu tun hatten, Nachtwächter und Totengräber wurden zwar gebraucht, und auch der Henker erfüllte seine Aufgabe im damaligen sozialen Gefüge, aber geächtet, aus der Gesellschaft ausgestoßen wurden sie trotzdem. Sie verkörperten das Dunkle, Unbewältigte im Leben, sie mussten als Sündenböcke für Krankheiten, Seuchen, vergiftete Brunnen herhalten, an ihnen hielt sich das schlechte Gewissen der Bevölkerung schadlos. Es rächte sich aber auch an jenen, die durch ein freies und ungebundenes Leben den bürgerlichen Moralkodex in Frage stellten, an den Artisten (Gauklern), Spielleuten, sogar Schauspielern – auch sie, deren Späße man zwar genoss, deren Lebensführung einem aber als suspekt, verrucht und locker erschien, wurden zu den „unehrlichen Berufen" gezählt. So erscheint es uns heute völlig unverständlich, dass der Sarg mit dem Leichnam der Neuberin, jener vielgerühmten, von Lessing so geschätzten Schauspielerin und Theaterunternehmerin, nachts in aller Heimlichkeit über die Friedhofsmauer geschafft und ohne jede Zeremonie verscharrt werden musste. Ebenso unverständlich jedoch wirkt die Zuordnung von so braven Berufen wie jenem des Zöllners, Müllers und Leinenwebers. Auch sie wurden als „unehrlich" eingestuft.

Ein besonders schweres Los hatte der Totengräber jener Tage zu tragen. Sein Umgang mit Toten ließ ihn in eine geheime und gruselige Korrespondenz mit dem Jenseits treten, er hatte Kontakt mit Geistern und Gespenstern, den er – wer weiß – möglicherweise zum Schaden seiner Mitmenschen missbrauchen konnte. Er wurde daher gemieden, lebte meist außerhalb der Siedlungen, in keiner Gemeinschaft integriert. Die Zünfte weigerten sich, die Familienangehörigen dieser Männer in ihre Handwerksgruppen aufzunehmen, die Söhne konnten kein Handwerk erlernen, die Töchter nur wiederum ihresgleichen oder gar niemanden heiraten. Und eine Berufsorganisation der Totengräber, eine Totengräberzunft, gab es in früheren Jahrhunderten nicht. Aus diesem Grund fanden sich auch meist nur Ortsfremde, fahrende Gesellen bereit, diesen Beruf auszuüben, der außerdem kaum den notwendigsten Lebensunterhalt sicherte. Ortsansässige vermieden ihn nach Möglichkeit.

## „Sargkrieg“ Josephs II.

Vor dem barocken Hintergrund ausschweifender Orgien und monströser Prachtentfaltung auf der einen und armseligsten Lebensverhältnissen auf der anderen Seite (wobei sich die ärmeren Schichten durch den Anblick des Spektakels der Reichen zumindest teilweise schadlos zu halten suchten) müssen die Begräbnisreformen Josephs II. verstanden werden. Sie trafen den Wiener tatsächlich bis ins innerste Mark. Von Nützlichkeit hielt er nicht viel, Hygiene war ein „neumodisches“ Wort, und sparen war für ihn eher bedeutsam im Sinne von „etwas dafür bekommen“. Dass er dafür nichts bekam, sondern ihm vielmehr etwas genommen wurde, ging ihm nicht in den Sinn. Und gar für Nüchternheit hatte er schon überhaupt nichts übrig. Darum lösten auch Josephs Bestimmungen nach einheitlichen, jeden Pomp ausschließenden Begräbnissen einen wahren Sturm der Entrüstung und Empörung aus, in Böhmen kam es sogar zu Protestdemonstrationen, und Pfarrer und Totengräber, die sich an die Vorschrift hielten, wurden von den aufgebrachten Gutsbesitzern bedroht.

Die Verordnungen Josephs II. betrafen vorerst die Grüfte in Kirchen, Klöstern und Spitälern, die laut Hofdekret vom 23. August und 13. September 1784 geschlossen wurden, da die schädlichen Ausdünstungen *„für die Gesundheit sehr nachtheilige*

*Folgen hatten"*. Ausgenommen von dieser Bestimmung blieben lediglich die Mitglieder des österreichischen Kaiserhauses in der Kapuzinergruft, die Wiener Erzbischöfe im Dom zu St. Stephan und die Salesianerinnen in der Gruft ihres Klosters am Rennweg.

Weiters wurden die Friedhöfe aus sanitären Gründen und aus Platzmangel an die – damalige – Peripherie verlegt, wobei außerdem im Toleranzpatent die Beisetzung auch Andersgläubiger in katholisch geweihter Erde gestattet wurde. Schließlich kamen noch klare und eindeutige Preise für die Begräbnisse zur Ausarbeitung, die, wenn auch häufig übergangen, im Großen und Ganzen ihre Gültigkeit doch bis weit ins 19. Jahrhundert behalten sollten.

Was die Wiener jedoch am meisten empörte, war die – wie sie fanden – äußerst pietät- und würdelose neue Form der Bestattung, nach der der Verstorbene nicht, wie bisher, in Särgen, sondern vielmehr in Säcken eingenäht begraben werden sollte. Diese aus dem Mittelalter übernommene Art der Beisetzung sollte nicht nur Kosten sparen helfen, sie sollte darüber hinaus aus hygienischen Gründen *„die Verwesung so bald als möglich befördern"*. Um jedoch bisheriges Brauchtum nicht all zu sehr mit Füßen zu treten, verfiel Joseph II. auf folgende Idee: Der Tote wurde, nachdem er nackt in einen leinenen Sack eingenäht und darauf in einem – meist von der Pfarre ausgeborgtem – Leihsarg zur Begräbnisstätte gebracht worden war, dort durch eine Öffnung an der Unterseite des Sarges in die Grube befördert, sodann mit ungelöschtem Kalk beworfen und dann mit Erde zugedeckt.

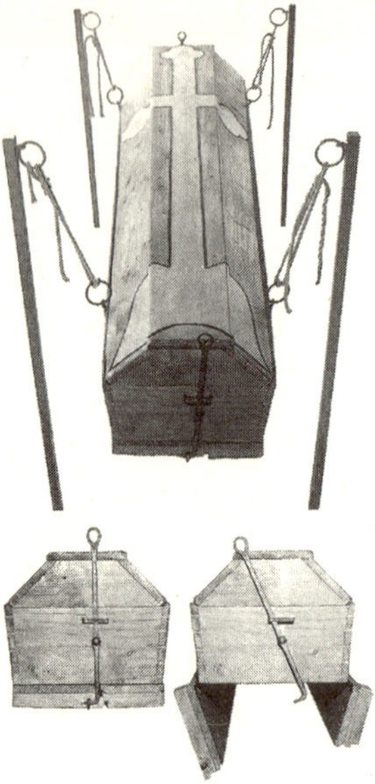

Sparsarg

Sparsarg Josef II.

So vernünftig und gut gemeint diese Neuerungen – vor allem in Betracht der damaligen sanitären Verhältnisse – auch gewesen sein mögen, so fehlte ihnen doch völlig jedes psychologische Fingerspitzengefühl für die Bedürfnisse der Massen. Empörung machte sich daher vor allem in den privilegierten Schichten Luft, die sich solcherart um ihre „schöne Leich" betrogen sahen, wohingegen die progressiven Anhänger der Aufklärung, ebenso wie Angehörige der armen Schicht, mit ihrem Kaiser durchaus einer Meinung waren. Aber wie meist in Wien setzte sich der konservative Teil der Bevölkerung durch – die Armen, ungebildet und ohne politisches Bewusstsein, hatten ohnedies kein Sagen. In einer Flut von anonymen Flugschriften wurden die Maßnahmen des Kaisers abgelehnt, und ein Aufgebot von Soldaten musste aufgebrachte Demonstranten in Schach halten. Schließlich riet man sogar in Kreisen der Aufklärer dem Kaiser zur Milderung, und in einer Flugschrift mit dem Titel „Warum wird der Kaiser Joseph von seinem Volk nicht geliebt" wurde ihm ein wenig Nachsicht mit den Fehlern und Schwächen seiner Untertanen empfohlen. Dazu gehöre eben die Abneigung, sich in Säcke einnähen und in eine Kalkgrube werfen zu lassen, wenngleich es dem Philosophen gleichgültig sei, ob er hier oder da verwese. Aber alle Menschen, so meint der Autor der Flugschrift, seien eben keine Philosophen.

Joseph II. hat dann auch diese ebenso wie andere Reformen nach kurzer Zeit wieder zurückgenommen. Bereits im Jänner 1785 verkündete er in einem Handbillet in der umständlichen damaligen Amtssprache resigniert und bitter:

*„Da ich sehe und täglich erfahre, daß die Begriffe der lebenden Leute noch so materialistisch sind, daß sie einen unendlichen Preis darauf setzen, daß ihr Körper langsamer faule und länger ein stinkendes Aas bleibe, so ist mir wenig daran gelegen, wie sich die Leute wollen begraben lassen, und werden sie also durchaus erklären, daß, nachdem ich die vernünftigen Ursachen, die Nutzbarkeit und Möglichkeit dieser Art Begräbnisse gezeigt hatte, ich keinen Menschen, der nicht davon überzeugt ist, zwingen will, vernünftig zu sein, und daß jeder, was die Truhe anlangt, frey thun kann, was er für seinen toten Körper im voraus für das Angenehmste hält."*

Es wird berichtet, dass die Wiener Bürger, sobald sie von diesem Rückzieher ihres Kaisers erfahren hatten, schnellstens nicht nur für sich, sondern auch für die ganze Familie Särge im Voraus bestellten.

# Über die Begräbnisse in Wien

Im Jahre 1781, also im ersten Regierungsjahr Josephs II., erschien in Wien eine schmale Broschüre von einem unbekannten Verfasser, die sich mit dem überflüssigen Begräbnispomp und den daraus resultierenden Kosten auseinandersetzt. Dem Geist der Aufklärung entsprechend, wurde dabei in eher vorsichtiger, dabei aber doch eindeutiger Form in erster Linie der Klerus dafür verantwortlich gemacht, er würde durch zu hohe Taxen ganze Familien in den finanziellen Ruin treiben.

Die Reaktion war gewaltig. Es hagelte eine Flut von Gegenschriften, das Thema wurde vor allem von – immer anonym bleibenden – Vertretern der Geistlichkeit aufgegriffen und nach allen Seiten hin durchleuchtet. Der Autor hatte damit offenbar ein äußerst heikles Thema aufgegriffen, eine überaus empfindliche Stelle getroffen, und jetzt schwirrte alles durcheinander wie in einem aufgescheuchten Wespennest.

Es ist interessant und ungemein ergötzlich, sich diese alte Streitschrift durchzulesen; sie führt mitten hinein in die religiösen und politischen Auseinandersetzungen dieses Jahrhunderts und zeigt mehr über die Sitten- und Kulturgeschichte der damaligen Zeit, als manche langen Abhandlungen es vermögen.

Die Schrift trägt den Titel „Über die Begräbnisse in Wien“ und berichtet vorerst allgemein von einer

Gesellschaft, in der dann das Gespräch auf einen Todesfall in der nahen Bekanntschaft kam. Nachdem der Priester kritisiert wird, weil man ihn habe dreimal rufen müssen, und er erst kam, als er *„abgespeißt und die halbe Verdauung gemacht“* habe, werden die Klagen der Witwe über die hohen Begräbniskosten beschrieben:

*„Alle kamen dann überein, daß die Begräbnisse der Verstorbenen mancher lebenden Familie in Wien das Brod wegnähmen, die Wirtschaft manches ehrlichen Hausvaters in Unordnung brächten, und daß man sich beynahe mehr für die Beerdigung als für den Tod selbst zu fürchten habe.“*

Schuld daran seien Vorurteil, Aberglaube und Luxus auf der einen, Interesse und Habsucht auf der anderen Seite.

*„Ich weis nicht, wie man auf den Gedanken verfallen ist, als wenn eine prächtige Begräbniß dem Verstorbenen zu einer ganz besonderen Ehre gereiche, man hört nichts gewöhnliches als diese Redensart: man muß Sie oder Ihn doch hübsch begraben lassen – es ist die letzte Ehre. Was in aller Welt kann das zum guten Namen einer Person beytragen, wenn auf etlichen Kirchthürmen Glocken geläutet werden, eine Schar weißer, schwarzer, brauner, weißschwarzer oder braunweißer Bettelmönche vorantrabet – ein paar klägliche Posaunen mit ein paar elenden Sängern die Luft durchheulen – eine ganze Reihe rothweiß- und schwarzmäntelichter Geheimnisbrüder der Leiche folgen, und wie die Herrlichkeiten so weiter gehen. Was, sage ich, kann dieses zur Ehre eines Verstorbenen beytragen? Wer wird des Verstorbenen Charakter höher schätzen, ihn länger in seinem Andenken erhalten, deswegen weil er schön ist begraben worden? …*

*Doch der Aberglaube sieht den Pracht bevm Begräbniß als eine gottesdienstliche Feyerlichkeit an, die selbst dem Verstorbenen zu etwas nutzen könne. Fürwahr ein seltener Einfall! ... Der klärste Beweiß von diesem ist ja, daß die gar Armen bey denen es nun einmal unmöglich, daß sie zahlen können, selbst ohne alle Begleitung eines Geistlichen zu Grabe getragen wurden, sollte wohl der Geistliche – der Seelenhirte so lieblos seyn, und eines seiner anvertrauten Schäflein nur einen Augenblick vom Himmel abhalten wollen, deswegen, weil es ihm die Gebühr nicht zahlen konnte? Er – der so oft in seinen Kinderlehren das Toden begraben als eines der sieben leiblichen Werke der Barmherzigkeit angepriesen?"*

Nachdem dann noch die *„Kirchendienern, Meßnern, Ansagern und wie diese Trabanten weiter heißen"* angegriffen werden, *„die sich der Begräbnißgeschäfte auf das eifrigste annehmen ... meist den bestimmten Taxen noch unter hunderterley Rubriken Geld abzwacken, und der großen Wassermühle der Geistlichen durch hundert kleine Kanäle Zufluß verschaffen"*, werden auch die Bruderschaften aufs Korn genommen und noch einmal der Klerus an sein Gelübde der Armut, der Menschlichkeit und der christlichen Liebe erinnert. *„Die Habsucht"*, schließt der Bericht, *„frißt sich am Mark des Volkes wie Mastvieh satt – das Publikum wird nach und nach geschwächt – und viele Familien gehen durch das zu Grunde ... Möchte doch der Wunsch so vieler Menschenfreunde erfüllt werden, daß man mit gleicher Sorgfalt auf die Abschaffung der dem Publiko so lästigen Begräbnißkosten Bedacht nähme, einem Uebel das weit schädlichere Wirkung im Staate hervorbringt als alle pestilenzialische Ausdünstung, das* *wie ein schleichendes Gift die Bürger verzehrt, und ihren Wohlstand zwar langsam, aber doch sicher untergräbt.“*

*Laterne – Großer Prachtwagen*

Die Antworten ließen nicht auf sich warten. Schon kurze Zeit darauf erschien in der kaiserlich königlichen Buchdruckerei des Johann Th. Edlem von Trattner eine Gegenschrift mit dem Titel: *„Freundschaftliche Erinnerungen an den Herrn Verfasser über die Begräbnisse in Wien“*, die offenbar von einem Geistlichen stammt und unverhohlener Empörung Ausdruck gab. Danach würde dieser *„Lügner, Verleumder und Ehrabschneider“* durch seine *„schwarze verleumderische Stachelschrift“*, in seinem Herzen und in jenem der Leserschaft nur *„Abneigung, Haß und Verachtung wider diesen Stand* (der Geistlichkeit) *nähren“*. Eigentlich, so meint der Verfasser weiter, solle auf eine derartige bodenlose Frechheit gar nicht geantwortet werden, er tue es aber trotzdem, *„denn wenngleich ihre Broschüre so grobe Verleumdungen enthält, daß sie kein vernünftiger Mensch glauben kann, so ist es doch wegen Leuten, die wie Sie, Herr Verfasser, die Stärke ihres Geistes durch Lästern auf die Geistlichkeit zeigen wollen, oder wenigstens ein recht süsses Vergnügen empfinden, wenn sie von selbst etwas Böses hören, um es allen Orten auszubreiten zu können, nöthig dergleichen Verleumdungen aufzudecken, um der ganzen Welt zu zeigen, wie wenig so einem Schwätzer wie sie es sind ... auf sein Wort zu glauben sey ..." „Durch ihre ganze Broschüre"*, heißt es weiter, *„schreyen Sie wider die allzugroßen Gebühren für die Geistlichen bey den Begräbnissen ... glauben Sie dann, daß die ganzen Begräbnißkosten dem Priester in den Beutel fallen ..."*

Dieser Meinung schloss sich auch der Autor einer weiteren *„Beantwortung der Schrift über die Begräbnisse"* an: *„Ist es denn die Geistlichkeit, welche die Taxen so hoch getrieben hat? Oder sind sie nicht vielmehr durch landesfürstliches Gesetz bestimmt? Ist es nicht die Eitelkeit der Erben oder Anverwandten, welche die Leichenkosten durch willkürlichen Pomp erhöhen?"*

Nein, nicht die Geistlichen seien daran schuld, meint ein anderer Schreiber in *„Über den Autor einer Piece, betitelt die Begräbnisse in Wien"*, sondern Familien, *„die ihr Geld zu benützen, solches einem unter einem goldenen Mantel versteckten Betrüger pro usura justa anvertrauen, und dadurch um all das Ihre kommen"*. Nicht die Pracht, nicht das schöne Bahrtuch, nicht das silberne Bild und der prunkvolle Sarg nützen dem Toten, *„nein, das glaubt Niemand, wer älter ist als ein Kind; sondern das Gebeth nützt* *ihm*". Hingegen wieder ein anderer Autor die Ursache dazu in einer zunehmenden Verweltlichung und Oberflächlichkeit sieht und den Weg zur inneren Besinnung predigt: *„Die Verwendung auf das Aeusserliche, welche Stand und Vermögen übersteigt, ist die Lieblingspuppe unserer Zeiten, weil die Wenigsten im Stande sind, der Dinge innerlichen Werth zu schätzen ... Es ist offenbar, daß der verdorbene Geschmack, durch Aussenwerke groß zu scheinen, sich sogar bis auf die fatalen Begräbnisse verbreitet."*

Schließlich nahm sich sogar ein „Bettelmönch" (oder wer immer sich hinter diesem Pseudonym verbarg) dieser Angelegenheit an, verteidigte in seiner Schrift *„Der Bettelmönch an den Herrn Verfasser über die Begräbniße in Wien und an dessen Gegner"* den ersten Autor, meint aber gleichzeitig, *„daß man auch bey Verteidigung der Wahrheit seinen Eifer so bescheiden mässigen sollte, daß man niemals in einige rauhe und bittere Ausdrücke hervorbreche"*.

Dieser Bericht wird von einem „Waldbruder" beantwortet, der seinerseits den „Bettelmönch" angreift: *„Lieber Bruder, du hast einen guten Willen, aber es fehlt dir an Beurtheilungskraft, allein dies kommt bev euch Mönchen von den ersten Jahren eines Klosterlebens her ... Du hältst alles, was der Verfasser über die Begräbnisse in Wien sagt, für sonnenklare Wahrheiten, dies ist bey dir auch ein Fehler deiner Klostererziehung."* Dann wird er aggressiv:

*„Uiber das Betteln an sich selbst betrachtet habe ich mich eigentlich niemals aufgehalten, und ich war euch gewiß niemals neidig, wenn euch die Menschen durch häufiges Allmosen sorglos leben machen wollen, wenn ich gleich öfters wünschte, daß dieses Allmosen dürftigeren zukommen möchte. Aber eure Kunst-*

*griffe, die Filianzbriefe, Lukaszettel, Hexenpantofel, Amuleten und wie die Dinge alle hießen durch welche ihr besonders das arme Landvolk betrüget und wodurch ihr machet, daß diese Leute weil sie glauben, weiß Gott was für Heiligthümer sie bekommen, und welche geistliche Vortheile sie erhalten, sich und ihre Familie oft auch das Nöthigste entziehen, um euch reichliches Allmosen geben zu können, um nur dieser abergläubischen Dingen nicht beraubet zuwerden.“*

Nach diesen Ausfällen gegen den Bettelmönch meldet sich ein „uralter Todtengräber“ zu Wort:

*„Die Herren reden wie Cicero pro domo Sua, und pfui, pfui! ... Warum schreiben sie denn? – Etwa, um Wahrheit ans Licht zu bringen, oder was gescheutes zu sagen? weit gefehlt! in ihrer Vaterstadt spukt man sie an, weil man weiß was für Stümper sie sind, daher lauffen sie dorthin, wo's brav viele Pressen gibt, und schreiben Stücke zu 10 Kreuzern, um ihr armseliges Leben zu fristen.“*

Der „Todtengräber“ (*„Ich habe hier vor Zeiten studiert wie viele andere, die nach zurückgelegter Philosophie Bettelstudenten wurden“*, will er seine Redegewandtheit rechtfertigen) versucht auf die bekannten Schwächen des Menschen hinzuweisen:

*„Die Pracht bey Begräbnissen wird vom Aberglauben für gottesdienstlich gehalten – Lieber Freund und Herre! Also muß man da den Aberglauben zu rechte weisen, aber nicht brausen wider die Geistlichen ... wer hat uns die Vorurtheile, den Aberglauben, die Liebe zum Luxus hergebracht? Wer ist Schuld und Ursache daran, daß wir Dinge wähnen, die nicht sind, und Meynungen hegen, die eigentlich nicht stattfinden sollten? Ihr seyd mir schöne Rechenmeister, ihr Schreibergesellen, wenn ihr das all auf den Auszü-*

*gel seiner Hochwürden schmiert ... Wie? hat er denn noch nicht erfahren, daß die Menschen überhaupt lauter Mummerey treiben, immer Komedien spielen, und ewig an der Außenseite, am bloßen Spruchwerk kleben.“*

*„Wenn Sie so reden, Herr Autor, so müssen Sie alle Einzüge, Ehrengepränge, Krönungen und Feyerlichkeiten der größten Fürsten aus der Welt verbannen“*, meint zu solchen und ähnlichen Ansichten der Autor einer neuerlichen Streitschrift.

Leichenzug Kaiser Franz Josefs.

Um seine Behauptungen zu bekräftigen, zitiert er dann prächtige Begräbnisse und Festzüge aus dem alten und neuen Testament (die alte Sarah sei von Abraham durch ein prunkvolles Begräbnis geehrt worden, ebenso Jakob von seinem Sohne Joseph, dem Unterkönig von Ägypten, und auch der Erlöser habe einen feierlichen Einzug in Jerusalem gehalten): *„Mithin ist die Pracht, auch die überflüssige Pracht von Seite der Begleitenden eine gottesdienstliche Handlung“*, schließt er seine Betrachtungen.

Leichenwagen

Reiterjacke

Um eine weise Zusammenfassung aus der Sicht des vernünftigen Philosophen bemüht sich schließlich die Schrift mit dem langatmigen und aussagekräftigen Titel: *„Welcher von den Herrn Recensenten der Begräbnisschrift hat gesiegt? Antwort: Keiner!“ „Sie brachten mich beynahe alle in jedem Punkt ihrer Schriften ein paarmal zum Lachen, meine lieben Freunde!“* Nachdem der Autor verteidigt und die Geistlichkeit beschwichtigt wird, kommt der Verfasser auf den eigentlichen Kernpunkt zurück – auf die hohen Begräbniskosten:

*„Jener Widerspruch, der Ihren Werkchen eigen sevn sollte, erschien nirgends, wo nämlich erwiesen seyn müßte, daß die Begräbniskosten für den gemeinen Mann und überhaupt für die unbemittelten Familien ... gering genug seyn ... Interesse und Habsucht scheinen also nicht nur, sondern sind noch immer alle zeit die Hauptursachen dieses verderblichen Uebels, womit die beschriebenen Familien gedrückt sind ...“*

Und der eigentliche Urheber dieses giftigen Streits? Er gab sich mit einer kurzen, wenige Zeilen umfassenden Erwiderung zufrieden, in der er eine Stelle seiner Schrift zitiert: *„Man liebt eben nicht sehr die Beleuchtung gewisser Dinge, und gewöhnlich schlägt man gerne die Laterne dem aus der Hand, der sich zu nahe mit derselben hinzuwagt.“*

# Die „schöne Leich"

Trotz der Empörung, die Josephs II. Begräbnisreform im Allgemeinen auslöste, trug der nüchterne Geist der Aufklärung doch dazu bei, einiges vom barocken Überschwang abzubauen. Vor allem die Begräbnisse der bürgerlichen Schicht waren an der Wende vom 18. zum 19. Jahrhundert still und einfach, auf den engeren Familien- und Freundeskreis beschränkt. Das änderte sich gegen Mitte des 19. Jahrhunderts, als das aufstrebende Bürgertum begann, sich an den prunkvollen Begräbnissen des Wiener Hochadels zu orientieren. Die „schöne Leich" war also nicht mehr Vorrecht reicher Herrscherhäuser, sie fand auch beim wohl situierten Bürger statt.

Blumenwagen

Während jedoch die pompösen Leichenfeiern adeliger Herrscherfamilien der Verherrlichung absoluten Machtanspruchs dienten, in der das Reich, das Land über die Einzelperson hinaus repräsentiert wurde, schrumpfte bei bürgerlichen Begräbnissen eine derartige Prachtentfaltung zu einer Demonstration persönlicher Eitelkeiten. Dem oft bis ins kleinste Detail nachgeahmten Zeremoniell fehlte die große, übergreifende Idee, es geriet zur hohlen Form, zum Kitsch, zur Attrappe. Auch fehlten die Künstler, die großen Arrangeure, die Zeremonienmeister, die dem Anlass jenen ganz speziellen, über sich selbst hinausweisenden universalen Charakter gaben. An ihre Stelle traten einander sich überbietende Bestattungsunternehmer, trat das Geschäft. Und das florierte blendend, denn der wohlhabende Bürger ließ es sich etwas kosten, seiner Nachwelt ein entsprechendes Spektakel zu bieten. Die „schöne Leich“ wurde zu einer Prestigeangelegenheit, und der weniger Reiche sparte oft sein Leben lang, um sich einen „schönen Tod“ leisten zu können.

Eine der Voraussetzungen für den bürgerlichen Pomp war eine Bestimmung aus dem Jahre 1830, die – im Zuge fortschreitender „Gleichberechtigung“ – das eigene Grab samt Grabstein zum Vorrecht nicht nur bestimmter adeliger und privilegierter Schichten, sondern eines jeden machte, der es sich leisten konnte. Dass Schachtgräber trotzdem noch bis zum Beginn des 20. Jahrhunderts auf den Wiener Friedhöfen in der Überzahl waren, lag an den enormen Preisen, die für ein eigenes Grab gezahlt werden mussten und die Verhältnisse des Normalbürgers in den meisten Fällen bei weitem überstiegen.

Trotzdem gehörte die „schöne Leich“ bald zum vertrauten Wiener Stadtbild des ausgehenden 19. Jahrhunderts. Jeden Tag rollten mehrere Leichenzüge dem entfernten Zentralfriedhof zu – im Eiltempo und so, als wollten sie den weiten Weg möglichst rasch hinter sich bringen. Denn die eigentlichen Feierlichkeiten fanden ja nicht am Friedhof, sondern im Haus des Verstorbenen und in der Kirche statt.

Eine „schöne Leich“ wurde häufig zum Tagesgespräch eines ganzen Bezirks. Vor allem dann, wenn es sich bei dem Verstorbenen um eine angesehene und hochgestellte Persönlichkeit handelte. Dann war auch die Tür des Sterbehauses, in dem die Aufbahrung erfolgte, mit schwarzen Tüchern verhängt, und davor stand ein sogenannter „Pompfüneberer“, der seinen wienerischen Namen von dem Bestattungsunternehmen „Entreprise des Pompes Funèbres“ bezog und der mit würdiger Miene und feierlicher, vom spanischen Hofzeremoniell inspirierter Adjustierung dafür zu sorgen hatte, dass von den zahlreichen Leuten, die sich vor dem Trauerhaus eingefunden hatten, nur jene eingelassen wurden, die den Angehörigen des Verstorbenen genehm waren. Diese schritten dann über einen schwarzen Teppich in das schwarz ausgehängte Sterbezimmer, in dem der festlich gekleidete Tote, umgeben von zahlreichen brennenden Kerzen, aufgebahrt lag. Die graduellen Unterschiede, nach denen dies zu geschehen hatte, wurden von dem dafür geleisteten finanziellen Aufwand bestimmt. Dieser legte fest, ob der Tote nach der Prachtklasse, der Halb-Prachtklasse, der Super I Klasse oder in fünf weiteren Klassen der Umwelt präsentiert werden sollte.

Mit welchem Raffinement die „Prachtklasse“ um den nach damaligen Verhältnissen horrenden Betrag von 4800 Kronen das Fest des Todes zu gestalten wusste, beschreibt der Prospekt eines Leichenbestattungsunternehmens. Danach wurde in dem zur Gänze mit schwarzem Tuch ausgeschlagenen Aufbahrungszimmer der Sarg auf einen Katafalk unter einem schwarzsamtenen, mit Silber reich verzierten Baldachin gestellt. In den Ecken des Raumes wurden 4 „Opferflammen“ auf großen silbernen Kandelabern mit je 15 Kerzen aufgestellt, 20 weitere, in hohen Leuchtern befindliche Kerzen umgaben den Aufgebahrten, zu dessen Füßen ein silbernes Kruzifix und ein silberner Weihbrunnkessel auf einem mit schwarzem Tuch überzogenem und silberverziertem Piedestal stand. Bei Verstorbenen ledigen Standes war die gesamte Drapierung blau mit Silber, außerdem wurde ihnen zu Häupten ein Myrtenkranz auf ein weißes, mit Gold verziertes Atlaskissen gelegt. Verstorbene hohen Adels wurden durch die ihrem Adelsgrade entsprechende vergoldete Krone, k. k. Kämmerer durch Kammerherrnschlüssel auf rotsamtenen, mit Gold bordiertem Kissen ausgezeichnet, während Mitgliedern aus dem Ritter- und Herrenstande ein silberner Wappenhelm mit geschlossenem Visier und schwarzem Helmbusch auf rotsamtenen, mit Gold bordiertem Kissen beigegeben wurde. Ordensdekorationen wurden zur Linken auf schwarzem, ebenfalls mit Gold bordiertem Polster ausgestellt.

Nach dieser prunkvollen, im Stil eines Hofschauspiels abgehaltenen Aufbahrung wurde der Leichnam in einen Sarkophag gelegt, *„in griechischem Stile gehalten, marmoriert und mit echt vergoldeter Ornamentik“*, dessen Pracht-Sargeinrichtung *„... aus* *einer Atlasmatratze, einem Moirepolster mit Spitzen, Bändern und Bouquets geputzt"* bestand, wobei weiters ein *„Sargschleier aus echtem Blondfond, mit Spitzen, Bändern und Bouquets geputzt"* den Eindruck einer makabren Todesmaskerade vervollständigte.

Demgegenüber entfiel bei der 6. Klasse die Aufbahrung im Sterbehaus völlig, der Tote wurde sofort in einen *„dunkel lackierten und mit Metall verzierten Holzsarg mit weißem Polster und Sargschleier"* gelegt, und, nachdem er in der Kirche ohne viel Zeremoniell von dem Priester *„nach der III Stolklasse"* eingesegnet worden war, in einem *„zweispännigen, schwarz drapierten Leichenwagen mit Bahrtuch VI. Klasse und 4 Leichenträgem VI. Klasse"* auf den Friedhof überführt. Anton Wildgans hat in seinem Theaterstück „Armut" drastisch beschrieben, wie sehr diese Unterschiede in der Leichenbestattung zu einem Gradmesser sozialen Auf- oder Abstiegs geworden waren: Nach dem Tod des alten Josef Spuller, eines kleinen Postbeamten in ärmlichen Verhältnissen, wird über die Höhe der Begräbniskosten verhandelt, was seinen Sohn Gottfried zu folgendem Resümee veranlasst:

*„Die Hände sind stumm, verloschen der Held.*
*Wo bleiben Trabanten und Knappen? –*
*Ja, fehlte es nicht an dem leidigen Geld*
*So führest auch du in die andere Welt*
*Sechsspännig, mit nickenden Rappen ...*
*Ein spanischer Ritter ritte voran,*
*Zwölf Galonierte folgten sodann*
*Mit Fackelgeschwele und Wappen;*
*Und Blumen, Weihrauch und Glockengesang.*
*Die Straßen und Fenster von Menschen*
*gedrang.*

*Und tausender Blicke Verschwimmen;*
*Und Arme und Kranke strömten herbei*
*Und übertönten die Klerisei*
*Mit psalmodierenden Stimmen ...*
*Doch so wird ein rumpelnder Kastenwagen*
*Dich hurtig hinaus auf den Acker tragen.*
*Einen Namen zu vielen Namen.*
*Drei Schaufeln Lehmerde auf deine Truhe,*
*Dann hast du deine ewige Ruhe,*
*Und wir sind noch ärmer geworden – Amen.“*

Während also bei den armen Bürgern ein Todesfall eine finanzielle Katastrophe bedeutete, feierten die Reichen ihre „Pompa funebris“ im großen Stil. Ganz nach dem Vorbild hoher Adelsgeschlechter wurden sechs, manchmal sogar achtspännige Glaswagen bevorzugt, mit Fahnenreitern, Laternenreitern und einem Herold an der Spitze des Zuges.

Pferd Concordia

Pferd Pietät

Hinter diesem „Pracht-Leichenwagen“ folgten dann die Musikkapelle, Blumenwagen, Sänger und Vorbeter, häufig wurden auch die Angehörigen mit Trauerkutschen nachgeführt. Die organisatorische Überwachung dieses Leichenfestes oblag einem eigens hiefür von den Bestattungsunternehmen angestellten Zeremonienmeister, der für den präzisen Ablauf verantwortlich war. Ein regelrechter Aufwand wurde mit den sogenannten Bahrtüchern getrieben, die bei der Aufbahrung im Sterbehaus und bei der Einsegnung in der Kirche Verwendung fanden. Sie wurden häufig von den Pfarren je nach Ausstattung zu verschiedenen Preisen zur Verfügung gestellt. Handwerkszünfte und später die Innungen besaßen ihre eigenen Bahrtücher.

Auf dem Sarg wurden außerdem die sogenannten Paramente aufgestellt: die Madonna, ein Sargkreuz oder eine Bibel, oder alle zusammen. Je nach Klasse und Berufszugehörigkeit wurden dann am Dach des Leichenwagens Attrappen angebracht, bei adeligen Verstorbenen Adelskronen, die durch die Zahl ihrer Zacken auf den Rang hinwiesen. Bürger ließen eigens für diesen Zweck angefertigte Bürger-Insignien mitführen. Und während ursprünglich nur hohe Militärs das Recht hatten, den „eisernen Ritter" auf den Sarg zu setzen, wurden bald die Mitglieder jedes bürgerlichen Veteranenvereins mit diesem Symbol ausgestattet.

Militärbegräbnis

Selbstverständlich brachte ein derartiges Gepränge ein Heer von Schaulustigen auf die Beine, noch dazu, da ja durch ausgiebig verteilte Partezettel und Inserate in den Lokalzeitungen die gesamte Umgebung hinreichend informiert worden war. Auf dem Weg zur zuständigen Pfarre, wo der Verstorbene (nicht wie heute am Friedhof) eingesegnet wurde, kam es zu Verkehrsstauungen, ganze Straßenzüge mussten abgeriegelt werden. Von der

Pfarre aus wurde dann der Tote auf den Friedhof überführt, wobei die ursprüngliche Sitte, den Sarg zu tragen, vor allem durch die Verlegung der Friedhöfe vor die Linien 1784 und endgültig durch die Errichtung des Zentralfriedhofes 1874 außer Mode kam; jetzt wurde der Sarg vor dem Friedhof abgesetzt und erst dann getragen. Die Träger gehörten dabei meist demselben Stand wie der Verstorbene an. Ledige junge Leute wurden von Junggesellen getragen, Verheiratete von Ehemännern aus dem Bekanntenkreis, Gewerbetreibende von Freunden aus ihrer Zunft. Die Kleidung der Trauergäste musste in Schwarz als Farbe der Trauer gehalten sein, dazu kam für die Männer ein Zylinderhut, der mit einem schwarzen Flor umwunden war, und am linken Ärmel ein grüner Kranz, der manchmal mit weißen Blüten geschmückt wurde. Nach den eigentlichen Begräbnisfeierlichkeiten folgte das meist sehr reichliche und üppige Totenmahl, zu dem – je nach Klasse und Stand des Verstorbenen – neben den engeren auch noch die weiteren Familienangehörigen und Bekannten geladen waren.

Zu welchem Ereignis von nahezu geschichtlicher Bedeutung, das den Trauergästen einiges an Konstitution und Ausdauer abverlangte, ein Begräbnis einer berühmten Persönlichkeit werden konnte, zeigt das Leichenbegängnis des Architekten Friedrich Schmidt 1891, das insgesamt sieben Stunden dauerte und in einem vierstündigen Zug um die Stadt an sämtlichen Bauwerken vorbeiführte, die der verstorbene Meister geschaffen hatte.

Der „schöne Tod“ war ein Spektakel, geeignet, auch tiefere Schichten der Volksseele in Bewegung zu bringen. Gedanken über Sein und Schein, Leben und Vergänglichkeit mischten sich mit Neugier und einer gewissen Genugtuung darüber, dass es einem dies eine Mal noch vergönnt war, als Zuschauer unter den Lebenden zu weilen. Denn das Leben, es war schön, und das Fest war groß – vor allem im Angesicht des Todes hieß es zu genießen. Häufig allerdings verwischte auch der Pomp solche und ähnliche tiefgründigeren Gedanken, dann blieb nur die Schaulust, das „Sehen und Gesehen werden", eine Parade der Eitelkeiten. Zeitgenossen haben das sehr wohl erkannt und teilweise in heftigen und bitteren Kommentaren gebrandmarkt, so wie zum Beispiel jener Berichterstatter der „Neuen Freien Presse" im Jahr 1871:

*„... Die hohen Rechnungen, über die man sich beklagt, sind zum großen Teile dadurch veranlaßt, daß man auch bei solchen Anlässen nicht seinem besseren Gefühle, sondern seiner Eitelkeit über das Maß des Vermögens hinaus Gehör gibt und nicht so sehr die Todten ehren, als sich selber in Glanz stellen will. Etwas andachtsloseres, ja frivoleres als die Art, wie dann die Leiche zur Kirche und zum Grabe getragen wird, gibt es nicht. Mit bedecktem Haupt – häufig im ungeniertesten Gespräche, ja mit lautem Lachen geht man hinter dem Sarge, und moquirt sich über den Vorbeter, der ganz überflüssig wäre, wenn man eben selber beten wollte. Vornehmere Leute gehen aber gar nicht, sondern fahren zur Kirche, lehnen oder setzen sich in die bereitgehaltenen Bänke, sehen nach den Bekannten, conversieren und lassen auch wieder den Vorbeter allein amtieren. ‚So ehren wir unsere Todten.' Es wäre doch Zeit, daß wir einmal die Heuchelei ablegten, die alles Uebel immer nur außer uns – sei es Regierung oder C'oncordat, Minister oder*

*Klingelbeutelmann – erblickt, und einmal anfingen, selber alles Ungehörige abzulegen und christlichen Sinn und Ernst zu zeigen."*

Angesichts solcher und ähnlicher, sicherlich berechtigter Kritik klingt es vielleicht widersinnig, wenn häufig behauptet wird, dass der Wiener damals, trotz Schnörkel und Dekor, trotz üppiger, die Schaulust befriedigender, die eigentliche Todesproblematik jedoch verdrängender Prachtentfaltung ein intimeres Verhältnis zum Tode hatte als heute. Verständlicher wird das vielleicht, wenn man überlegt, dass der Großteil der Bevölkerung damals zu Hause, im Kreise der Familie, der Verwandten und Bekannten gestorben ist, während heute etwa 70 Prozent ihr Leben in einer unpersönlichen Spitalsatmosphäre beenden. Wie sehr der Tod – mit all seinen makabren Auswüchsen – in das damalige Leben eingebunden war, wie sehr Mitleid und Neugier, Sensationslust und Trauer, Grauen vor dem Tod und Entzücken über das Ambiente eine schier unlösliche Einheit bildeten, beschreibt Otto Friedländer auf humorvolle Art in seinen Lebenserinnerungen:

*„Wenn es bekannt wird, daß jemand sehr schwer krank ist, dann muß jeder, der ihn näher kennt, täglich gehen, sich um sein Befinden erkundigen. Nicht nur Freunde und Verwandte kommen da, sondern auch die Trafikantin und die Greißlerin, die Hausmeisterin von nebenan – es ist ein großes Ereignis – die ganze Gasse spricht davon.*

Ist der Kranke reich, meint Friedländer weiter, dann wird vor seinem Haus Stroh auf das Straßenpflaster geschüttet, damit die Wagen keinen Lärm machen. Die Leute bringen auch Blumen, Bücher und Kompott.

Der Wiener, so Friedländer, wollte damals, um die Jahrhundertwende, in seiner Gasse sterben, inmitten dieser lebendigen Anteilnahme, nicht in einem unpersönlichen Spital oder in einem Sanatorium. Er freute sich an den Besuchern, die sich bei Aristokraten sogar in ein Buch eintragen mussten – je länger die Liste, umso bedeutender das Ansehen. Schließlich, wenn's dem Ende zuging, kam der Priester, die Dienstleute knieten fromm dabei, die Angehörigen standen und knieten mit verlegenen Gesichtern ebenfalls neben dem Sterbenden, die alte Anna sagte, dass der gnä' Herr nach der letzten Ölung ganz verklärt ausgesehen habe und so erleichtert, als ob er wieder gesund werden sollte, hingegen der Freigeist meinte, er sei halt froh gewesen, dass er's hinter sich hat. Dann boten die Ärzte noch einmal ihre gesamte Kunst auf: den Champagner, die Kampferinjektion, den Sauerstoffballon, was natürlich zwecklos war, aber es wäre doch ungehörig gewesen, das zu unterlassen, denn was würden schließlich die Leute denken, wäre dieser letzte Liebesdienst verweigert worden. Und dann war es also vorbei, die Ärzte bestiegen nach erfüllter Pflicht den Fiaker, und gleich klingelten die Agenten, die seit vielen Stunden im Kaffeehaus am Eck auf den Eintritt des Todes gewartet und dem Hausmeister für eine rasche Benachrichtigung Trinkgeld versprochen hatten. Nach Auftragserteilung kamen die Handwerker, um das schönste Zimmer des Hauses in feierliches Schwarz zu hüllen – mit raschen, festen Griffen, nicht zu laut, die Stimmen gedämpft, dem Anlass entsprechend. Die beiden Türflügel wurden weit geöffnet, ein schwarzer Teppich wurde bis zur Eingangstür der Wohnung gelegt. Wer wollte, konnte jetzt hereinkommen und die ganze Pracht und Herrlichkeit besichtigen. Und es wollten viele!

Aufbahrung im Wohnhaus

Sitzsarg

*„Schön schaut er aus – als ob er schlafen möcht' – so friedlich – man könnt' fast glauben, daß er lächelt. – Mein Gott, der Arme hat's hinter sich ... So reden die Leute ganz leise, sprechen ein kurzes, stummes Gebet ... Unten auf der Straße erzählen sie dann einander noch furchtbare und ergreifende Zwischenfälle aus der Todeskrankheit. Der Tod ist ein großes Ereignis. Mit achselzuckender Gleichgültigkeit daran vorbeizugehen, haben die Menschen noch nicht gelernt."*

# Das Geschäft mit dem Tod

Die Hinterbliebenen trauerten, die Gäste wollten sehen und gesehen werden – die Leichenbestatter machten ihr Geschäft. Der Konkurrenzkampf in der Geschichte der „pompa funebris“ war nicht nur erbarmungslos, er war darüber hinaus auch grotesk.

Gewerbliche Bestattungsunternehmen tauchten erstmals in der zweiten Hälfte des 19. Jahrhunderts auf. Bis dahin oblag die Durchführung des Begräbnisses dem Mesner oder dem sogenannten Konduktansager, wobei sich häufig beide Funktionen ohne Schwierigkeiten in ein und derselben Person vereinen ließen. Dass sich aus diesen Einzelpersonen allmählich umfangreiche Organisationen entwickelten, hatte seinen Grund auch in der Verlegung der Friedhöfe an die damalige Peripherie der Stadt, die damit aus der unmittelbaren Gemeinschaft mit den jeweiligen Pfarren, die bis zur Zeit Josephs II. ausschließlich für Begräbnis Angelegenheiten zuständig waren, gezogen wurden. Das erste Unternehmen dieser Art war die „Entreprise des Pompes Funèbres“, die aus einer Gründung des Trauerwarenhändlers Franz Grüll hervorgegangen war und nicht nur so hieß, weil sie von ausländischen Kapitalgruppen gestützt wurde, sondern auch, weil es in Wien damals als „fein“ galt, Dinge, die man nicht gerne nannte, hinter französischen Namen zu verstecken.

Entreprise des Pompes Funèbres

Ein Unternehmen ähnlicher Art war die 1867 gegründete „Pietät“, dann folgte 1870 die „Concordia“ und 1880 die „Union“. Und weil sich das Geschäft mit dem Tod als recht einträglich erwies, schossen bald derartige größere sowie kleinere Unternehmen wie die Schwammerln aus dem Boden. Um die Jahrhundertwende gab es etwa 80 Bestattungsunternehmen, die miteinander in wilder Konkurrenzfehde lagen. Schließlich wurden die Zustände so arg, dass die Gemeinde Wien 1907 die beiden größten Unternehmen, nämlich die „Entrprise“ und die „Concordia“ um insgesamt 2,35 Millionen Kronen erwarb und damit die Städtische Bestattung gründete.

Durch eine Novellierung der Gewerbeordnung, die besagte, dass Private in Orten, wo die Gemeinde selbst für die Leichenbestattung sorgte, nicht mehr zugelassen werden, ebenso wie durch ein allmähliches Aufkaufen auch der kleineren Unternehmen reduzierte sich deren Zahl erheblich, und im Jahre 1934 war sie schließlich auf nur noch 21 zusammengeschrumpft. Das völlige Ende bereitete ihnen die Gemeinde schließlich 1951, als die letzten drei privaten Bestattungsunternehmen der Städtischen Bestattung einverleibt wurden.

Wiener Leichenbestattungsunternehmen Concordia

Die Angebote, womit diese privaten Unternehmen der Jahrhundertwende sich gegenseitig überbieten wollten, ließen an Raffinesse und ideenreicher Prachtentfaltung nichts zu wünschen übrig. Sie verfügten neben einer stattlichen Anzahl von Pferde- und Leichenwagen für jede Klasse und jeden Geschmack auch noch über eine Reihe ausgebildeter Musiker für die „Trauerkapelle“ und eine Schar von Bediensteten, die sich aus „Arrangeuren, Hausofficieren, Portieren, Bedienten, Leichen-, Fackel- und Wappenträgem, Kutschern und Reitern“ zusammensetzte. In der Goldeggasse auf der Wieden, die damals noch von grünen Wiesen umgeben war und wo sich der Sitz der „Entreprise“ befand, sollen sich Dutzende von Pferden, Gala-Leichenwagen und feierlich gekleidete Pompfüneberer in ihrem „*bor-*

*dierten Frack nach der Mode von 1785, Hosen von 1710, Achselbändern, wie sie unter Ludwig XIV. ums Jahr 1670 das Höchste an Eleganz waren, und Schuhen aus der Zeit der 2. Wiener Türkenbelagerung"* nur so gedrängt haben. Auf dem Kopf trugen diese abenteuerlich gekleideten Gestalten einen Dreispitz, *„wie ihn die französischen Marschälle um's Jahr 1840 führten"*.

Karikatur eines Pompfüneberers

Mit der Aufstellung eines Leichenzuges in Parade-Adjustierung war jedoch das Angebot dieser Bestattungsunternehmen keineswegs erschöpft. Sie sorgten darüber hinaus für die Verteilung von Parten und Grabliedern, stellten „Nachtwachen" für die damals übliche Totenwache zur Verfügung und empfahlen sich zum *„Rasieren, Frisieren, Rougieren, Secieren und Einbalsamieren"* der Toten. Weiters zur Beleuchtung und Ausschmückung der Gräber und Grüfte, der Aufstellung von Grabkreuzen und Monumenten, der Exhumierung von Leichen und *„überhaupt zur Besorgung aller auf dem Leichenwesen bezüglichen Angelegenheiten"*.

Es war also eine regelrechte Bestattungsindustrie, die sich entwickelt hatte und sich mit immer neuen Angeboten weiter aufblähte, um im harten Konkurrenzkampf zu bestehen. Das Geschäft mit dem Tod wurde zu einem Wettlauf um den Tod nach dem Motto: Wer zuerst kommt, erntet! Sobald die Kunde von der Krankheit eines Bewohners umging, waren auch schon die Agenten zur Stelle, um im Falle seines Ablebens sofort ihre Dienste anzubieten.

In ihrem Kampf um die Toten gingen die Bestattungsunternehmen sogar so weit, an jeden aus der Bevölkerung, der ihnen von einem Sterbefall berichtete, Provisionen auszugeben, wobei man annehmen darf, dass sich die einzelnen Unternehmen dabei an Höhe der in Aussicht gestellten Prämien gegenseitig überboten. Wie direkt und unverblümt diese Angebote gemacht wurden, beweist ein Flugzettel des Leichenbestattungsunternehmens „Concordia":

*„Die Herren Hausbesorger und Portiere des 3. Bezirkes werden ersucht, eintretende Todesfälle sofort in oben genannter Filial-Anmeldungskanzlei anzuzeigen. Sobald die Unternehmung über eine solche Anzeige die Bestellung auf das Leichenbegängnis erhält, so zahlt dieselbe durch den Unterfertigten ohne der Partei irgendeinen Schaden zuzufügen aus ihrem Eigenen, falls das Leichenbegräbnis nach der 1. Classe Fl. 25, der 2. Classe Fl. 13, der 3. Classe Fl. 7, der 4. Classe Fl. 4, der 5. Classe Fl. 2,50 und der 6. Classe Fl. 2 an den Anmelder bar aus. Evangeli-*

*sche, griechische und militärische Leichenbegräbnisse werden zu den billigsten Preisen berechnet ...“*

Um sich derartige Provisionen gleich zweimal zu sichern, kam es auch häufig vor, dass diese „Anmelder“ ihre Tipps an mehrere Bestattungsunternehmen gleichzeitig abgaben, was eine entsprechende Konfusion zur Folge hatte. Es wird berichtet, dass sich manchmal bis zu zwanzig Leichenbestatter in den Vorzimmern der Sterbenden und Toten tummelten um einander mit billigeren Kostenvoranschlägen zu überbieten oder auch den Gewinner in einem nahegelegenen Wirtshaus auszukundschaften. Eine weitere Folge dieser Konkurrenz waren die enorm hohen Preise, weil die Firmen diese mehrfachen Provisionen ihren Kunden aufrechneten. Wie unangenehm die zudringliche und geschäftsmäßige Art der Bestattungsunternehmer vor allem dann werden konnte, wenn die Angehörigen des Verstorbenen in ärmlichen Verhältnissen lebten, beschreibt Anton Wildgans in „Armut“:

*„Vogt (mit Kratzfüßen)*: Mein Name ist Vogt, mein Name ist Vogt, Beamter der Lei*chenbestattungsunternehmung ‚Pax‘. Gestatten die Herrschaften –*

*Gottfried: Ich würde sagen, daß mich Ihre Bekanntschaft freut, Herr Vogt –*

*Vogt (verbindlich): Wenn der Anlaß nicht so erschütternd wäre.*

*Gottfried (kaustisch): Richtig. Geradezu erschütternd. Vogt (feierlich): Gestatten die Herrschaften, daß ich Ihnen vorerst mein wärmstes Beileid ausdrücke.*

*Gottfried: Ich danke Ihnen im Namen der Hinterbliebenen.*

*Vogt (nachdem er sich geräuspert): Ich darf wohl voraussetzen, daß die Herrschaften noch nicht anderwärtig disponiert haben.*

*Gottfried: Gewiß nicht. Sie sind so glücklich, der erste am Platze zu sein.*

*Vogt: Das wollte ich nur wissen. Wir haben nämlich in unserer Branche, leider Gottes, mit einer ganz besonders zudringlichen Konkurrenz zu rechnen.*

*Gottfried (anzüglich): Das glauben wir Ihnen aufs Wort, Herr Vogt ...*

*Mutter: Ich möchte, daß mein Mann standesgemäß begraben wird.*

*Vogt: Das unter allen Umständen! Meine Firma legt ganz besonderes Gewicht darauf daß niemand unter seinem Stand beerdigt wird. Wollen die Dame vielleicht gütigst Einsicht nehmen!*

*Mutter (rauh): Was ich bisher gesehen habe, kommt für uns wohl leider nicht in Betracht.*

*Vogt: Dann belieben gefälligst zu wenden! Hier bitte! Wenn ich raten darf so würde meiner Ansicht nach Tarifklasse römisch fünf wohl am besten Ihren Intentionen entsprechen. Durchschnittlich siebzig Prozent aller Sterbefälle pflegen wir in dieser Art zu behandeln. (Immer leiser werdend): Da haben Sie noch komplette Aufbahrung und Glaswagen, der Tote ruht in einem soliden Holzsarg ... (spricht leise und eindringlich weiter) ... Mutter (zögernd) Und wenn wir die nächstniedere Klasse wählen?*

*Vogt (räuspert sich): Oh gewiß! Auch diese repräsentiert noch immer ein ganz gutbürgerliches Begräbnis. Es entfällt allerdings die Aufbahrung. Gleichwohl ruht die Leiche auch hier in einem soliden Holzsarge von schwarzer oder brauner Politur mit Metallbeschlägen. Derselbe wird von sechs Bediensteten der*

*Unternehmung gehoben und mittels einfachen Fourgons in die Kirche und von da auf den Friedhof überfuhrt ...*

*Mutter (kleinlaut) Wenn die Beerdigung dann noch standesgemäß ist –*

*Vogt: Durchaus standesgemäß. Ich würde sonst nicht dazu raten ...*"

Die Methoden, mit denen man im Konkurrenzkampf den Gegner ausstechen wollte, waren nicht gerade zimperlich. Um die hervorragende Qualität der eigenen Särge zu beweisen, stellte beispielsweise die „Entreprise des Pompes Funèbres" zum Vergleich einen von der Konkurrenz gelieferten, offenbar weniger widerstandsfähigen Sarg daneben, welch letzteren man allerdings, da noch frisch „mit Grabeserde behaftet", wie eine Zeitung empört berichtet, anscheinend eben im Friedhof ausgegraben hatte, um die Witterungseinflüsse drastisch darzustellen.

Auch die halb und ganzseitigen Inserate dieser Bestattungsunternehmen fanden bei den zeitgenössischen Berichterstattern häufig Anstoß. So bezeichnet es beispielsweise die „Neue Freie Presse" vom 25. April 1871 als albern, *„wenn die Gesellschaft in natürlich von ihr bezahlten Danksagungsschreiben ihr Unternehmen als ein höchst uneigennütziges, aus reiner Menschenliebe entsprungenes anpreisen läßt"*, obwohl doch alle Welt wüsste, dass *„die Herren ... ihr Geld herausschlagen, das sie in dem Unternehmen stecken haben, und noch ein erklekliches dazu gewinnen"* wollen.

Trauerfeierlichkeiten

Solche und ähnliche Reaktionen werden verständlich, liest man etwa jenes mit Med. Dr. Joh. Blass m. p. gezeichnete Schreiben an die „Entreprise“, das in der Zeitschrift „Kikeriki“ vom 28. März 1867 abgedruckt wurde und in einer recht unverblümten, aus heutiger Sicht auch ziemlich kurios wirkenden Art Werbung betreibt:

*„Auch dem Sterben kann man eine freundlichere Seite abgewinnen, wenn es von einer höheren Idee getragen und beleuchtet wird. So starben freudig die Heroen des Alterthums, betend und singend gingen Tausende der christlichen Märtyrer dem Glaubenstode entgegen, Hunderttausende braver Krieger opferten ihr Leben muthvoll auf dem Altar des Vaterlandes. Nur dem alltäglichen Menschen ist das Sterben ganz so erschwert und verbittert, und der Gedanke an die schwarzen Männer mit den weinrothen Gesichtern – an den abschreckenden Leichenwagen mit seiner grauenerregenden Bespannung und Zugehör – endlich die Leichenbesorgers-Rechnungen,*

*die oft nicht nur strafbare Übervortheilung, sondern oft mehr in sich schlossen – dieser Gedanke allein ist hinreichend, an der Barmherzigkeit der Menschen zu zweifeln.*

*Wie wohltuend, wie wehmütig erhebend sind dagegen die Einrichtungen der Leichenbestattungen der obigen Unternehmung, welche Eleganz und zugleich welch würdiger Ernst ist in allen ihren Einrichtungen, wie ehrend die Toten und Überlebenden ist das Ganze ihrer Bestattung und schließlich bei allem, wie billig und entsprechend mäßig ist die geforderte Entlohnung für alle diese Leistung. Ich spreche über alles Obige aus Erfahrung und besitze darüber Beweise.*

*Interessant wäre es, wenn auf der nächsten Pariser Ausstellung die Leichenbesorgungsapparate – blos der dritten Klasse – der Entreprise neben denen der bisher im Gebrauch gewesenen derselben dritten Klasse ausgestellt würden.*

*Schließlich wäre es zu wünschen, daß letztere in einer antiquarischen Raritäten-Sammlung aufbewahrt und dadurch der Vergessenheit entrissen würden. Dann Friede ihrem Andenken und ein ‚Glück auf' der neuen Unternehmung."*

Besagte „Raritätensammlung" wurde übrigens tatsächlich gegründet – und zwar rund 100 Jahre später als „Bestattungsmuseum" in der Städtischen Bestattung. Um eine „Rarität" handelt es sich damals sicherlich. Inzwischen allerdings gibt es mehrere Bestattungsmuseen in Europa, das bedeutendste befindet sich in Kassel. Trotzdem erhebt das Wiener Museum den Anspruch, an Bedeutung zumindest an zweite Stelle gereiht zu werden. Was einer Stadt mit einem so vertrauten Verhältnis zum Tod und zum Sterben ja auch zusteht.

# Die Angst vor dem Scheintod

Die Angst, lebendig begraben zu werden, kann als menschliche Urangst bezeichnet werden. Seit frühester Zeit erzählt man sich Schauergeschichten von Scheintoten, die in ihren Särgen herumpoltern, von schwangeren Frauen, die in der Gruft ein Kind gebären, von Wiedererwachten, die verzweifelt versuchen, Särge zu sprengen und Grabhügel aufzubrechen. Kaum etwas hat die Phantasie des Menschen derart anzuregen gewusst, Wahres wurde mit Erfundenem vermengt, zahlreiche Abbildungen versuchen das Grauen zu versinnbildlichen: den Kampf gegen den Tod, dem man bereits rettungslos ausgeliefert war.

Es ist heute schwer feststellbar, was an diesen Berichten wirklich stimmt. Es scheint bewiesen, dass Ludwig IX. im Jahre 1244 während seiner feierlichen Aufbahrung plötzlich die Augen öffnete und dann noch 26 Jahre weiterlebte. Auf Vermutungen angewiesen ist die These, dass Nikolai Gogol, der sein Leben lang unter der Angst litt, lebendig begraben zu werden, und dessen Gebeine man nach einer Exhumierung unnatürlich verdreht vorgefunden hatte, im Sarg erst nachträglich dem Todeskampf erlegen sei. Tatsache bleibt, dass nach Schätzungen seriöser Mediziner noch Ende des vergangenen Jahrhunderts etwa 0,5 bis 2 Prozent aller Bestatteten scheintot gewesen sind. Und selbst die Sensationspresse heutiger Tage berichtet immer wieder über Scheintote, die entweder durch einen Zufall aus ihrem tödlichen Gefängnis befreit werden konnten oder die erst nachträglich und wenn es bereits zu spät war mit zerbrochenen Knochen, abgeschürften Fingernägeln und -kuppen, in halb erbrochenen Särgen oder in völlig verdrehter Stellung aufgefunden wurden – Zeichen eines sichtbaren und schrecklichen Todeskampfes lebendig Begrabener.

Was selbst unserem Zeitalter den kalten Schauer über den Rücken jagt (das im Jahre 1979 erschienene Buch des französischen Arztes Peron Autret „Die lebendig Begrabenen" wurde zu einem Bestseller), versetzte unsere Vorfahren erst recht in Panik und Schrecken. Es war üblich und durchaus gebräuchlich, testamentarisch den sogenannten Herzstich oder das Öffnen der Adern zu verfügen, sobald der Tod amtlich festgestellt war – selbst wenn man damit riskierte, auf diese Art und Weise möglicherweise erst wirklich getötet zu werden. Trotzdem finden sich die ersten Ansätze zu einem behördlich kontrollierten Begräbniswesen erst im 17. Jahrhundert, als die sogenannten Totenbeschauämter, ohne deren ausdrückliche Zustimmung kein Toter bestattet werden durfte, in Wien eingeführt wurden. Bis dahin waren die Toten ziemlich unkontrolliert beigesetzt worden, es gab auch keine Vorschriften über die Tiefe der Gräber und die Frist, nach welcher sie geräumt werden mussten. Im Laufe der Zeit allerdings sind Bemühungen zu erkennen, das Begräbniswesen gewissen Regeln zu unterwerfen, wobei die vielen Hofdekrete ähnlichen Inhalts nur beweisen, dass die darin festgehaltenen Vorschriften immer wieder verletzt wurden. Um das Begraben Scheintoter zu verhindern, bestimmte bereits eine Verordnung aus dem Jahre 1756, dass *„kein todter Mensch vor Ablauf von zweimal 24 Stunden, es wäre denn, daß selber an den schwarzen Peteschen oder an der Pest gestorben, begraben werden soll“*. In einem weiteren Hofdekret vom 7. März 1771 wird darauf hingewiesen, dass *„Todte nicht eher als nach Ablauf von 48 Stunden“* begraben werden können. Außerdem sollten sich bei jeder Kirche geräumige *„Todtenkammern aus Holz“* befinden für jene Leichen, die nicht in der Wohnung aufbewahrt wurden. Diese Kammern, die meist in einem erbarmungswürdigen Zustand waren, sollten dann laut Dekret von 1797 *„so viel wie möglich von Stein erbauet, die Fenster mit Drahtgitter, die Kammern selbst mit Ofen versehen werden“*, um im Winter das Erfrieren eines möglicherweise Scheintoten zu verhindern. 1784 wurde in einem Hofdekret besonderer Nachdruck darauf gelegt, dass das *„Sanitätspersonal ... kräftig zur Vornahme der Beschau der Todten“* mitzuwirken habe, *„um die Beerdigung der Scheintodten zu verhüten, die oft lebenden Früchte im Leibe der verstorbenen Schwangeren zu retten ...“*. Aber noch 1868 beschwerte sich der Direktor des „Wiedner Kinder Kranken Institutes“ in Wien, Dr. Franz Hügel, über den schlechten Zustand dieser Leichenkammern und ihre mangelhafte Beaufsichtigung und empfahl einen hohen und hellen Leichensaal, in dem sich nichts befinden dürfe, *„das einen allenfalls Wiedererwachenden abschrecken oder daran mahnen könnte, an welch unheimlichen Ort er sich befindet“*. Daneben fordert Dr. Hügel *„zwei Leichendiener, die in der Behandlung von Scheintodten geschult“* seien und abwechselnd Dienst tun müssten, damit – bei Tag ebenso wie in der Nacht – ein etwaiges Erwachen eines tot Geglaubten sofort bemerkt und entsprechende Maßnahmen ergriffen werden könnten. Am sonderbarsten und kuriosesten jedoch muten uns heute die verschiedensten Apparaturen an, die man sich zur Verhinderung des Lebendig-begraben-Werdens einfallen ließ. Bereits in dem Dekret von 1797 findet sich eine Anweisung, der zufolge eine Schnur um die Hand des in einem offenen Sarg aufgebahrten Toten gewickelt werden solle, die mit einer Glocke im „Zimmer des Nächstwohnenden" in Verbindung stand, wobei man hoffte, dass bei einer geringen Bewegung eines Scheintoten die Glocke in Bewegung geraten und die Retter mobilisieren würde. Tatsächlich jedoch scheinen derartige Apparate wenig in Gebrauch gewesen zu sein. Eine Ausnahme bildete dabei der Währinger Ortsfriedhof, wo ein vom Strafhausverwalter Johann Nepomuk Peter gestifteter „Rettungswecker" als große Errungenschaft gefeiert und bewundert worden war.

Bei diesem mehr oder weniger komplizierten Mechanismus hatte der Totengräber dem Aufgebahrten an Fingern und Zehen enganliegende Hülsen anzulegen, die durch einen in einem unterirdischen Rohr durchlaufenden Draht mit der Hütte des Totengräbers und der darin befindlichen Alarmglocke verbunden war. Bei dem geringsten Zucken der Finger begann die Glocke im Totengräberhäuschen zu läuten, wo ein eigener Gehilfe diesen Augenblick Tag und Nacht abzuwarten hatte. Durch diese Erfindung in den Ruf eines Nobelfriedhofs geraten, konnte sich der Währinger Ortsfriedhof des Andranges in Kürze kaum erwehren, weshalb der Gemeinde nichts anderes übrig blieb, als die Anmeldungen drastisch einzuschränken. Nach dem Auflassen des Friedhofs verfiel die Anlage, der „Rettungswecker“ kam abhanden, aber eine Nachkonstruktion samt genauer Beschreibung sorgt heute im Bestattungsmuseum in Wien dafür, dass sich auch die Nachkommen darüber entsprechend informieren können.

Rettungswecker

Ob diese Apparate je in Funktion getreten sind – darüber gibt die Geschichte keine Auskunft. Es finden sich auf jeden Fall nirgends Berichte, die darauf hinweisen. Die Angst vor dem Scheintod nahm deswegen allerdings nicht ab. Im Gegenteil – bei Errichtung des Zentralfriedhofs bemühte man hier ganz moderne Erkenntnisse, und ließ die Finger der Toten auf Messingplättchen aufruhen, die bei leisester Regung derselben eine über Strom eingeschaltete Alarmanlage ertönen ließen. Der sorgsamste, rücksichtsvollste und sämtliche damaligen Möglichkeiten ausschöpfende Vorschlag, um dem Scheintod zu begegnen, wurde allerdings von dem schon erwähnten Direktor des „Wiedner Kinder Kranken Institutes" in Wien noch vor der Errichtung des Zentralfriedhofs, nämlich im Jahre 1860, gemacht. Danach sollten die Leichen aus den Särgen herausgenommen und auf *„Leichenbetten"* gelegt werden, die aus einer *„mit einem Leintuche bedeckten Matratze, einem Kopfkissen und zur Bedeckung der Leiche zwei gut wärmenden Kotzen"* bestehen sollten. Zwischen den einzelnen Leichenbetten wurden spanische Wände empfohlen, so dass ein *„allenfalls Wiedererwachender seine Nachbarn nicht bemerken kann"*. Außerdem sollten Fenster und Türe der Leichenkammer nicht der Friedhofsseite zugewendet sein, damit einem eventuell Scheintoten der schockierende Anblick erspart bleibe. Um die Wiederbelebung des angeblich Toten möglichst wirksam voranzutreiben, empfahl Dr. Hügel das gesamte medizinische Aufgebot des vergangenen Jahrhunderts, nämlich:

*„Aufstellen eines galvanischen Rotationsapparates, einen auf einer Tasse sich befindlichen Schnellsieder sammt einer Flasche Wasser, Spiritus, einer gleichnamigen Lampe und Zündhölzchen, ein Kästchen mit starken Riechmitteln als Salmiakgeist, Essigäther usw., ein Kästchen mit aromatischen Tink-*

*turen, gestoßenem Zucker und aromatischen Teesorten, Senfmehl, das in mehrere breite Leinwandstreifen eingewickelt ist, um dieselben sogleich bei der Hand zu haben, einige Bouteillen feurigen Weines und Zwieback, Klystierspritzen, Frottierbürsten, Wärmeflaschen, Flanell- und Leinwandstreifen, Aderlaßlanzetten, Blutegel, zwei Flanellmäntel, mehrere Löffel und Messer und einen bequemen Schlafsessel.“*

Unter diesen Umständen, kann man nur hinzufügen, müsste das Aufwachen ein reines Vergnügen gewesen sein.

Dass jedoch noch im vergangenen Jahrhundert entsprechende Vorrichtungen einen Scheintoten vor dem Lebendig-begraben-Werden schützen sollten, beweist eine Annonce im Wiener „Kurier“ vom 23. Februar 1961, in der die Städtische Bestattung einen „ebenso geschmackvollen wie praktischen Grabtempel mit Läutwerk“, entworfen von dem Österreicher Karl Redl, empfiehlt. Der Beschreibung dieses Grabdenkmals ist eine Zeichnung beigegeben, die im Querschnitt Grabaufbau und darunter den in einem Sarg ruhenden und durch ein Rohr mit dem Grabmonument in Verbindung stehenden „Toten“ zeigt, dessen kleinste Bewegung, wie im erklärenden Text hinzugefügt wird, sofort über elektrischen Kontakt ein kräftiges Klingelsignal auslöse, das den Friedhofsangestellten rasch herbeirufen werde.

Also hat auch das aufgeklärte 20. Jahrhundert immer noch an den Alpträumen unserer Vorfahren zu tragen.

# Was von der „schönen Leich" geblieben ist

Schmuck, Dekor, weitschweifige Arrangements, ausladende Prachtentfaltung waren Kennzeichen vergangener Jahrhunderte, auf die wir in wachsender Nostalgiestimmung bestenfalls ein wenig neidisch zurückblicken können. Unser nüchternes, knappes, von Zweck und Nutzen bestimmtes Zeitalter kann sich derart zwecklose Umrahmungen gar nicht leisten – es hat nicht nur Sinn und Freude daran verloren, es fehlt ihm in erster Linie dazu auch die Zeit. Das bewahrt einerseits vor den Auswüchsen einer überladenen, zum Selbstzweck gewordenen Dekoration, schafft jedoch andererseits jene strenge Form absoluter Zweckmäßigkeit, die dem Absichtslosen und Verspielten nur noch sehr wenig Raum belässt. Gehört also die "schöne Leich" der Vergangenheit an?

Keinesfalls! Neben den Begräbnissen für Kaiserin Zita und Otto (von) Habsburg, die mit nostalgischen Erinnerungen an die alte Kaiserzeit erinnerten gibt es nach wie vor pompöse Staatsbegräbnisse ebenso wie aufwendige Trauerfeierlichkeiten für Stars der Bühnen-, Pop- und Medienwelt, wie etwa „Österreichs einzigen Popstar internationalen Formats", Falco, dem Zehntausende zu seinem Ehrengrab am Zentralfriedhof folgten.

Das allerdings sind Ereignisse, die sich in allen Ländern gleichen – das echt Wienerische spielt sich eher im kleineren Rahmen ab, dort, beim gutbürgerlichen Begräbnis, haben sich am ehesten spezielle Eigenheiten erhalten. So etwa weiß Wien seinen Ruf als Musikstadt selbst am Friedhof zu bestätigen. Wobei es durchaus nicht immer die traditionellen Trauermärsche oder Schuberts „Der Tod und das Mädchen“ sein müssen, die den Verstorbenen auf seinem letzten Weg begleiten. Auch weniger Passendes, wie sinnige Schlager oder Heurigenlieder, werden bei solchen Anlässen geduldet. Immerhin hat schon Johann Strauß den letzten Wunsch einer wohlhabenden Bürgersfrau erfüllt und zu ihrem Begräbnis mit einem Walzer aufgespielt. Diese Art eines musikalischen Abschieds hat also in Wien Tradition. Das „drittgrößte Konzertunternehmen“ der Stadt hat Otto F. Beer den Zentralfriedhof genannt, und das mit gutem Grund. Kann man doch nirgendwo sonst mit so schöner Musikbegleitung in die ewige Seligkeit eingehen wie hierzulande. Nicht nur, dass Wien eine der ganz wenigen Städte ist, die bei der Aufbahrung am Friedhof statt der allseits bereits üblichen Musik aus der Konserve „echte Orgelmusik“ erschallen lässt, hat es überdies zum traurigen Ereignis auch noch ganz besondere Gustostückerln parat. Ein Trauergesang von vier Herren, die ansonsten im Chor der Wiener Staatsoper beschäftigt sind, um die Kleinigkeit von 200 Euro oder ein Schrammelquartett mit „Erst wenn's aus sein wird – mit einer Musi und ein Wein“, das zusammen mit „Sag beim Abschied leise Servus“ und „Mir raubt nix mei Ruah“ zu den absoluten Friedhofsbestsellern gehört.

Heurigenlieder sind keine Seltenheit bei einem Wiener Begräbnis – sie gehen so ins „Gmüat“, sie sind so unendlich traurig! Sie öffnen alle Schleusen tiefsinniger wienerischer Melancholie! Kein Wein mehr, keine Musi mehr – was will der Wiener noch vom Leben, aus is, vorbei is, er sagt der Welt ade! Der Priester muss allerdings bei diesen Ausflügen in irdische Gefilde ein wenig zur Seite schaun, oder auch zwei Augen zudrücken, wenn am Grab „Time to Say Goodbye" oder gar „May Way" erklingt. Dass im Beisein eines Geistlichen nur liturgische Musik gestattet ist, gehört der Vergangenheit an.

Dass die ehemalige „Städtische Bestattung" Verständnis für ausgefallene Wünsche hatte, beweist ein Vorfall, den man sich in Pompfüneberer-Kreisen heute noch erzählt: Als eine einsame Offizierswitwe einen gut aussehenden Herrn, etwa 1,75 groß, als Begleitung erbat, der sie zu bestimmter Stunde mit dem Taxi von zu Hause abholen, zum Friedhof bringen, ihr den Arm reichen und sie nach dem Begräbnis wieder zurückbringen sollte, wurde besagter Begleiter pünktlich bereitgestellt: Die Witwe musste nicht allein hinter dem Sarg hergehen.

Bestattung Goldeggasse um 1900

Mit 270 Mitarbeitern und etwa 18.000 Bestattungsfällen im Jahr eines der größten derartigen Unternehmen in Europa, legt die Wiener Bestattung Wert auf die Feststellung, Etliches aus den Jahren prächtigen Leichenpomps in unser 21. Jahrhundert herüber gerettet zu haben. So stellt sie noch immer Ordensträger, Kranzträger und Kreuzträger zur Verfügung, sie sorgt für die Parten und – falls gewünscht – auch für die Anfertigung einer Totenmaske oder einer Handplastik. Vor allem bei diesen Erinnerungsstücken wird für eine große Auswahl gesorgt. Haben früher die Hinterbliebenen einen Sargschlüssel oder eine Haarlocke aufbewahrt, so gibt es jetzt Erinnerungskristalle in Form einer Welle, einer Umarmung oder eines Herzens, die ebenso Asche des Verstorbenen enthalten wie Erinnerungsdiamanten, die als Schmuckstücke getragen werden und von echten Diamanten nicht zu unterscheiden sind. Auch den Fingerabdruck des Toten kann man in Gold oder Silber an einer Kette um den Hals tragen.

Bei den ganz großen Begräbnissen wird ein Teppich ausgelegt, Pylonen mit Leuchtfeuer werden aufgestellt, und die Trauergäste können sich in ein Kondolenzbuch eintragen. Diese Relikte früherer Prachtleichen sind allerdings seltener geworden, sie betreffen meist nur Staatsbegräbnisse oder den Abschied von Prominenten. Der gewöhnliche Sterbliche lässt sich auf dem Friedhof aufbahren (Aufbahrungen zu Hause wurden im Zweiten Weltkrieg verboten), dort auch einsegnen und dann entweder mit einem Bahrwagen, der in den Fünfzigerjahren die Sargträger abzulösen begann, oder in einem geräuschlos gleitenden Auto, elektrisch oder mit

Flüssiggas betrieben (damit es den hinterher gehenden Trauergästen nicht in der Nase stinkt) zum Grabhügel fahren. Aber auf bunte letzte Grüße in Form von Blumenbouquets und Kränzen wird auch heute nicht verzichtet. Die absolut letzte Errungenschaft ist eine Video- oder Fotoreportage von der Aufbahrung, die bei der Bestattung Wien bestellt werden kann.

Die Pompfüneberer haben ihre einstige prächtige Tracht abgelegt und erscheinen schlicht in schwarzen Talaren und flachem Barett. Selbstverständlich haben sie einen Benimm-dich-Kodex zu befolgen. Ein pietätvolles Verhalten ist Grundvoraussetzung.

Und wie schaut es mit der alten Pompfüneberer Tradition aus, ab und zu ein Schnapserl zu trinken, um den traurigen Beruf besser zu ertragen? Die wurde schon vor vielen Jahren radikal abgestellt, ebenso das Betteln um Trinkgeld. Nicht einmal das Nehmen ist mehr gestattet – obwohl das den Lohn ein wenig aufbessern würde. Denn dass Pompfüneberer besonders gut verdienen, ist nur ein – hartnäckiges – Gerücht.

Auch dürfen Pompfüneberer inzwischen öffentliche Verkehrsmittel benutzen, was bis Ende der 1960er Jahre verboten war, um die Fahrgäste nicht zu beunruhigen. Trotzdem hat der Wiener seine Ablehnung gegenüber diesen „Gefährten des Todes“ noch nicht ganz überwunden. So mancher schlägt beim Anblick eines Leichenwagens noch immer drei Kreuzzeichen, um sich damit gegen Unheil abzusichern.

Trotzdem jedoch hat sich im Lauf der Zeit der Pompfüneberer einen gewissen Berufsstolz angeeignet. Immerhin arbeitet er in der Dienstleistungsbranche und soll Angehörigen eine gewisse psychische Stütze sein.

Mitarbeiter des Bestattung Wien-Kundenservices werden in einer mehrmonatigen harten Schulung auf ihre Arbeit vorbereitet. Die Benimm-Regeln, zusammengefasst in einem kleinen grünen Merkbüchlein unter dem Titel: „Unser Benehmen", wie sie noch im vergangenen Jahrhundert jedem Pompfüneberer nahegelegt wurden, müssen heute allerdings nicht mehr einstudiert werden. Dass *„jedes auffällige Verhalten wie Lachen, Umdrehen und Kritisieren unbedingt zu unterlassen ist"*, oder dass im Umgang mit Hinterbliebenen Wörter wie „Tod" oder „Sterben zu umgehen und statt dessen weniger direkte Ausdrücke wie zum Beispiel „Ableben", „Verscheiden" oder „Hingehen" anzuwenden sind, gehört inzwischen zum Standardrepertoire jedes ordentlichen Pompfüneberer. Auch dass er nie von einer „Leiche", sondern immer nur von einem „Verstorbenen" spricht, und ein „Auf Wiedersehen" vermeidet, wenn er den Sarg aus der Wohnung trägt.

Viel hat sich zu Beginn des dritten Jahrtausends geändert. Auch die Bestattungsklassen wurden aufgehoben. Wurden früher die Hälfte der Verstorbenen nach der 1. Klasse bestattet, gibt es heute eine Fülle von Möglichkeiten, die Trauerfeiern individuell zu gestalten – mit entsprechenden Preisunterschieden, versteht sich. Aber für die ganz Armen ohne Hinterbliebene zahlt nach wie vor die Gemeinde Wien ein „Sozialbegräbnis" mit günstigstem Weichholzsarg und sogar einem kleinen Blumenstrauß.

Informationen über die verschiedenen Preisangebote erhält der Kunde bei einem Gespräch in einer Bestattungsfiliale, wo er auch einen Katalog mit Sarg-und Urnenangebot besichtigen kann. Dass auch Frauen Kunden beraten dürfen, gehört ebenfalls zu den absoluten Neuerungen in diesem Geschäft. Bislang wurde dem angeblich schwachen Geschlecht eine derartige Tätigkeit nicht zugetraut.

Metallsärge werden ab 2.500 Euro angeboten – entsprechenden Preissteigerungen sind keine Grenzen gesetzt. Aber auch bei Holzsärgen, die schon ab wenigen hundert Euro zu haben sind, gibt es Luxusmodelle wie die amerikanische Kirschtruhe um 4.500 Euro. Preislisten sind an den Beratungsplätzen ausgehängt, im Internet verzichtet man darauf. Das „Geschäft mit dem Tod" soll möglichst unauffällig vor sich gehen. Ein Begräbnis mit Sarg, Aufbahrung, Friedhofsgebühren, Pfarrer, Sänger usw. kostet durchschnittlich 5.000 Euro. Und der Trend zum teuren Pomp hält an, aufwendige Abschiede gehen rasch in den zweistelligen Tausenderbereich.

Nein, vergessen hat der Wiener seine „schöne Leich" keinesfalls, er bereitet ihr nur ein mit Erinnerungen bestücktes neues Gewand. Es werden nach wie vor jene „Saturnalien des Todes" (Hilde Spiel) gefeiert, ausschweifende Festlichkeiten mit gewaltigen Blumenkränzen, die zu Allerheiligen „de grobschdanan Nochkastl fia de eweckkeid" (H. C. Artmann) zieren.

Neuerdings wird die „schöne Leich" sogar konserviert. „Thanatopraxis" heißt die aus Amerika importierte kosmetische Präparierung für einige Wochen, die seit Anfang unseres Jahrtausends auch in Österreich angeboten wird. Sie soll helfen, sich von seinen Toten am offenen Sarg in Ruhe zu verabschieden. Angeblich, so wird berichtet, soll der Verstorbene derart behandelt schöner und glücklicher aussehen als zu Lebzeiten.

## Die Mumien von St. Michael

Eine steile Treppe führt hinunter in die Totengruft von St. Michael, der Mesner leuchtet mit einer Taschenlampe voran. Unten können dann Scheinwerfer eingeschaltet werden, die mit gedämpften Lichtkegeln durch die unterirdischen Gänge leuchten. In weiten, ausgedehnten Gewölben liegen hier in über 200 Holzsärgen, 33 Metallsärgen und zwei Steinsärgen vor allem jene Adeligen und Hofdamen, aber auch Handwerker und sonstige Bedienstete bestattet, die am kaiserlichen Hofe beschäftigt waren. 2010 wurde ein Teil der Holzsärge restauriert, auch wurde eine Klimaanlage eingebaut, um sie vor dem endgültigen Zerfall zu bewahren. Das sind aber so ziemlich die einzigen Zugeständnisse, die hier an die Moderne gemacht wurden. Ansonsten ist die Gruft von St. Michael in der Kirche gegenüber der Hofburg die einzige derartige Begräbnisstätte Wiens, die in ihrer ursprünglichen Form erhalten geblieben ist.

Die Holzsärge sind häufig nach Art österreichischer Bauernmöbel mit bunten, dekorativen Blumenmustern bemalt, ein Sinnbild ewigen Wachsens und Blühens über den Tod hinaus. Schon 1713 schrieb der Nürnberger Reisechronist Jakob Beyerle: *„Hier stellen sie die Totenschreyn in allertiefste Gewölb hin wie Truhen, so man im Keller verbirgt mit köstlichem Schatz."* Von drei Särgen sind die Deckel geöffnet, das Geheimnis von Tod und Sterben preisgebend. Dass Besucher hier seit langem teils neugierige, teils nachdenkliche Blicke auf die durch die trockene Luft mumifizierten Leichname warfen, zeigen die vielen Wachsflecken auf den vermoderten Gewändern der Toten, die von den Kerzen der darüber Gebeugten stammen.

Da liegen sie in versteinerter Ruhe seit 200 oder 250 Jahren, die Gesichtszüge oft noch gut erkennbar, in ihrer kostbaren spanischen Hoftracht, die Kleidung von Motten zerfressen, aber trotzdem immer noch einiges von Stil und Eleganz vergangener Zeiten verratend. Wer mochten sie gewesen sein, was hat sie ausgezeichnet in jenen fernen Tagen, woran sind sie gestorben? Die alte Frau – zum Zeitpunkt ihres Todes mag sie vielleicht fünfzig, vielleicht sechzig Jahre alt gewesen sein – in dem zerfallenen Rüschenkleid und den Seidenschuhen, den Kopf auf die Seite gelegt, den Mund geöffnet, in den übereinandergelegten vertrockneten Händen Reste eines Rosenkranzes und eines Blumenstraußes. Ein kräftig gebauter Mann mit noch gut erhaltener Samthose und Wams könnte ein kaiserlicher Leibdiener gewesen sein.

Die Frau mittleren Alters gehörte wohl einer Bruderschaft an (die sich im Lauf der Jahre auch Frauen geöffnet hat). Sie wurde in einem sehr gut erhaltenen, seidenen und mit Rüschen verzierten Bruderschaftskleid bestattet. Ihr Kopf bedeckt eine Begräbnismütze und die gefalteten Hände lange, bis an die Ellbogen reichende Handschuhe. Sie alle tragen den Ausdruck von Ewigkeit in den zerfallenen Gesichtern, lassen die stumme, aussöhnende, alles besiegende Gewalt des Todes spüren.

In einem Holzsarg, der erst jüngst restauriert wurde, liegt Pietro Metastasio, der Hofdichter Maria Theresias, der die Texte zu mehreren Opern Mozarts verfasste und dessen selbst gewählter Grabspruch „mein Leben war wie ein Traum“ poetisch und sanft Vergänglichkeit und Vergeblichkeit umfasst.

Auch winzige Kindersärge sind zu sehen, wahrscheinlich von Neugeborenen, die ebenfalls würdig bestattet wurden.

Die Michaelergruft ist, trotz regelmäßiger Führungen, vom großen Touristenstrom weitgehend verschont geblieben. Anders als in der Kapuzinergruft, wo jährlich über 200.000 Touristen die Prunksärge der Habsburger besichtigen, oder auch in den Katakomben des Stephansdoms, durch den beinahe stündlich Prozessionen geführt werden, hat sich hier ein wenig von der ewigen Stille der Toten bewahrt. Es wurde auch nur ein kleiner Teil der Gruft für die Öffentlichkeit geöffnet, die sogenannte „Herrengruft für Adelige“ und die „Spanische Gruft“. Der größte Teil des unterirdischen Gewölbes bleibt von Besuchern unberührt.

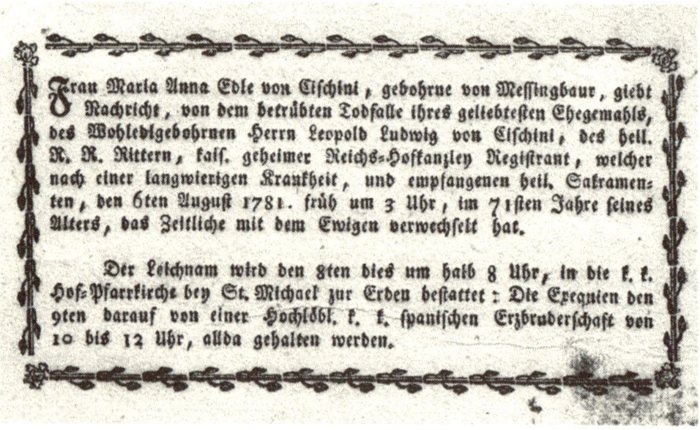

Frau Maria Anna Edle von Cischini, gebohrne von Messingbaur, giebt Nachricht, von dem betrübten Todfalle ihres geliebtesten Ehegemahls, des Wohledlgebohrnen Herrn Leopold Ludwig von Cischini, des heil. R. R. Rittern, kais. geheimer Reichs-Hofkanzley Registrant, welcher nach einer langwierigen Krankheit, und empfangenen heil. Sakramenten, den 6ten August 1781. früh um 3 Uhr, im 71sten Jahre seines Alters, das Zeitliche mit dem Ewigen verwechselt hat.

Der Leichnam wird den 8ten dies um halb 8 Uhr, in die k. k. Hof-Pfarrkirche bey St. Michael zur Erden bestattet: Die Exequien den 9ten darauf von einer Hochlöbl. k. k. spanischen Erzbruderschaft von 10 bis 12 Uhr, allda gehalten werden.

Parte

# Wiens unterirdische Totenstadt

Still ist es auch in den vielen kleineren und größeren Krypten Wiens, die sich unter den Kirchen befinden und die Stadt wie mit einem unterirdischen Netz durchziehen.

Die älteste dürfte dabei wohl die Franziskanergruft sein, die auf das Jahr 1370 zurückgeht und sich unter der Franziskanerkirche und weiter unter dem Franziskanerplatz, einem der schönsten Plätze Wiens, befindet. Hier wurden Offiziere, Adelige, Ordensleute begraben, keiner kennt die Zahl der Särge, die in der weitläufigen Anlage stehen. Auch die Gruftanlage unter der Peterskirche zählt zu den ältesten Wiens, sie geht auf die Zeit der Karolinger zurück und beherbergt den Sarg des Humanisten Wolfgang Lazius, jenes kaiserlichen Leibarztes und Historiographen Ferdinands I., der 1546 die erste Wiener Stadtgeschichte herausgab. Weniger berühmte Tote haben sich durch sinnige Grabsprüche im Gedächtnis der Nachwelt erhalten: *„In Jesu Namen hier ruhe ich lieber Leser. Ich pitte dich gehe nit vorbey pett fier mich. Wenigst sprich Gott dreste dich – Amen."* In der Gruftanlage unter der Jesuitenkirche werden seit 1773 Ordensleute beigesetzt, sie diente – so wie auch die Michaelergruft – während des Zweiten Weltkrieges als Bunker. In der Augustinergruft, laut Urkunde im Jahre 1327 von Herzog Friedrich dem Schönen gestiftet, liegen die Schwarzenberg, Thavonat, Gudenus und Lamberg begraben. Und in der Schottenkrypta, die in den Jahren 1958 bis 1960 großzügig renoviert worden ist, wurde neben Heinrich Jasomirgott, der 1158 das Schottenstift gegründet hat, und seiner Gattin Theodora auch noch der österreichische Barockmaler Paul Troger begraben, der in der Wipplingerstraße 19 im 4. Stock des Grün waldischen Hauses „zum rothen Säbel“ gewohnt hatte und am 20. Juli 1762 einem Schlaganfall erlegen war. Zwischen 40.000 und 100.000 Tote sollen in Wiens unterirdischer Totenstadt ihre letzte Ruhestätte gefunden haben, die Angaben differieren stark und sind mit Vorsicht zu gebrauchen – genaue Zahlen werden wohl nie festgestellt werden können. Die meisten dieser Toten sind heute in Vergessenheit geraten, sie liegen in zugemauerten Grüften, viele wurden unter dem Boden verscharrt oder in sogenannten Karnern, Beinhäusern, zusammengetragen. Nur bei wenigen haben sich Name, Alter erhalten, künden Inschriften von dem, was sie gewesen, was ihr Leben einst erfüllt hat. Es waren dies meist Hochgeborene, in Würde und Ansehen Verstorbene, denen ein Nachruf gewidmet wurde, während das unbekannte Volk namenlos starb.

Wiens Totenstadt hat seit jeher die Gemüter beschäftigt. Eine Unzahl von Sagen, Geschichten, Märchen weiß von gruseligen Dingen zu berichten, phantastische und grauenvolle Begebenheiten wurden ersonnen, der Geisterglaube geschürt und Todesangst und Todesentsetzen in makabre Schauerromantik umgesetzt. Es ist jenes dunkle, unheimliche Wien, das möglicherweise hier irgendwo seinen Anfang nimmt, um sich bis herauf in unsere Zeit in den Mörder-Liedern eines Qualtinger und

Artmann, im makabren Wiener Humor eines Georg Kreisler, in den wuchernden, von Lemuren und albtraumhaften Wesen bevölkerten Darstellungen der Wiener Schule des phantastischen Realismus zu erhalten. Der Wiener Maler Kurt Regschek hat ein Bild gemalt: „Zentrum Wien", das diese wienerische Doppelbödigkeit recht gut zum Ausdruck bringt: unter der Oberfläche eines Postkarten-Wien mit Stephansturm und fröhlichen weißen Wölkchen das andere, das dunkle Wien mit labyrinthartigen Tropfsteinhöhlen und weitschweifigen Katakomben. Das ist sowohl bildlich als auch tatsächlich zu verstehen: Wiens unterirdische Stadt jahrhundertealter Keller und Katakomben, die das Dekorative, Beschwingte, Festliche der Oberfläche ins Unterirdische und Schauervolle zieht, besitzt ein Pendant in des Wieners gespaltener Seele, die ebenfalls Tod und Lustigkeit in sich vereinen kann.

Die sicherlich größte und traditionsreichste dieser unterirdischen Grüfte befindet sich unter dem Stephansdom. Ihr alter Teil besteht aus fünf Räumen, vier von ihnen, darunter die heutige Unterkirche und Bischofsgruft, bilden den ursprünglichen Keller der Stephanskirche, der fünfte aber, die sogenannte Herzogsgruft, ist erst nach dem Bau der Kirche auf Wunsch Rudolfs IV. angelegt worden. Sie befindet sich fast unter dem Presbyterium, in der Mitte des Domes, und enthält neben dem Sarg Rudolfs IV. des Stifters (so benannt, weil er 1365 die Wiener Universität gegründet hat), der mit 26 Jahren an der Pest starb, auch noch die Särge seiner Gattin Katharina und seiner Brüder und Verwandten. In Wandnischen sind die Kupferurnen mit den Eingeweiden der Habsburger aufgestellt, deren Körper in der Kapuzinergruft und deren Herzen in der Augustinerkirche beigesetzt wurden.

Der neuere Teil der St.-Stephans-Gruft geht auf das Jahr 1486 zurück, als im Deutschen Haus eine „neue Gruft der Todtenpain“ errichtet wurde, die auf dem Stadtplane des Bonifaz Wolmuet vom Jahre 1547 eingezeichnet ist und laut Beschreibung *„bis zum Gewölbeschluß zwei Klafter und einen Schuh hoch“* war, und an der *„Rückseite in die Mauer vertiefte und ganz niedrig gewölbte Öffnungen“* besaß, in welche die Särge hineingeschoben wurden. Von hier aus erfolgte dann der langsame Ausbau der Katakomben, trotz mehrmaligem Benützungsverbot und auch zeitweiser Schließung im Verlauf von Epidemien 1551 und 1679. Nach der Sperrung des Stephansfreithofes um die Domkirche im Jahre 1732 kam es zu einer systematischen Erweiterung der Grüfte, wozu die N.Ö. Landesregierung die ausdrückliche Erlaubnis erteilte, jedoch nur unter der Bedingung, dass durch das Anlegen von Luftschächten für eine geeignete Durchlüftung gesorgt werde. Klagen über die schädlichen „Vapores“ waren bereits in vergangenen Jahrhunderten laut geworden, aber die verschiedenen Versuche, die Grüfte endgültig zu schließen, scheiterten immer am Einspruch sowohl von Bürgerschaft und Hochadel als auch von Pfarren und Klöstern. Erstere wollten nicht auf ihre Erbbegräbnisse, letztere nicht auf ihre Einkünfte verzichten. Schließlich reichten die neuen Grüfte, die etwas tiefer als die alten angelegt waren, bis zum Eingang der Schulerstraße. Die Beerdigung spielte sich dabei so ab, dass die Toten durch einen quadratischen Schacht, die sogenannte „Sargrutsche“, einfach hinuntergelassen und anschließend meist unter Ausschluss der Angehörigen von den Sargträgem an den bestimmten Platz gebracht wurde.

Weil jedoch – trotz besserer Ventilation – der Verwesungsgeruch allmählich so unerträglich wurde, dass er bereits im Dom zu spüren war, die Messen störte und die damit verbundene gesundheitliche Gefährdung selbst breitere Bevölkerungsschichten zu beunruhigen begann, verfügte Kaiser Joseph II. 1784 die endgültige Schließung der Katakomben. Lediglich Bischöfe, Kardinäle und Domherrn durften weiter dort begraben werden. Seelenmessen, die ursprünglich regelmäßig in den Grüften abgehalten worden waren, hatte man aus eben diesen Gründen und weil Infektionen befürchtet wurden, bereits früher verboten. Doch dürften die Stephansgrüfte dem Volk bis etwa 1713 offen gestanden sein.

# Der schwarze Tod

Im Jahre 1768 wurden die Katakomben durch eine „Pestgrube" erweitert, doch hatten sie bereits früher als Begräbnisstätte für Pestopfer gedient. So berichtet der bekannte Arzt Paul de Sorbait schon 1679 von einer Pestgrube am Stephansfreithof, während der Epidemie 1381 sollen 15.000 Leichen bei St. Stephan begraben worden sein, und 1410 dort täglich 80 und mehr Begräbnisse stattgefunden haben.

Der schwarze Tod

Angesichts der entsetzlichen Folgen dieser Seuche scheint es uns heute völlig unverständlich, dass keine besseren und wirksameren Maßnahmen getroffen wurden, um ihre Ausbreitung zu verhindern. Zumal der Zusammenhang zwischen mangelnder Hygiene und Ansteckung sehr wohl bereits in frühester Zeit erkannt worden war, wie recht vernünftige Verordnungen, die während einer Epidemie erlassen wurden, beweisen. So gibt es seit dem 16. Jahrhundert Vorschriften zur Reinhaltung der Straßen und der Luft, Beschränkung des Verkehrs, Anzeigepflicht bei Infektionskrankheiten und Desinfektion der Häuser.

Der schwarze Tod

Eine kaiserliche Infektionsordnung vom Jahre 1515 führte eine Fremdenkontrolle bei den Stadttoren ein, beschränkte gesellige Zusammenkünfte und verordnete für die Dauer der Pest die Schließung der Badstuben. Weiters hatte der Haushaltungsvorstand im Falle einer Erkrankung eines Hausgenossen sofort den Magister Sanitas zu verständigen, worauf der Kranke in ein Lazarett gebracht wurde und die gesunden Hausbewohner entweder in Quarantäne kamen oder für eine Weile die Stadt verlassen mussten. Das Haus wurde gesperrt, mit einem weißen Kreuz versehen und nach abgelaufener Beobachtungszeit gereinigt und ausgeräuchert.

Doch kamen alle diese Verordnungen meist zu spät, wurden nur halb oder überhaupt nicht durchgeführt, der Rat bekannter Ärzte wurde in den Wind geschlagen, die bürokratischen Mühlen mahlten langsam. Die engen Gassen blieben weiter offene Abwässerrinnsale, in die jeder Unrat geworfen wurde, und der Gestank, der sich von Tierkadavern, Fäkalien, Überresten geschlachteter Tiere ausbreitete, muss unbeschreiblich gewesen sein. Dreizehnmal wurde Wien in der Zeit von 1410 bis 1713 von der Pest heimgesucht, allein vom Juni 1448 bis zum September 1449 sollen an die 40.000 Menschen in Wien daran gestorben sein, was angesichts der damaligen Bevölkerungszahlen ungeheuerlich erscheint. Eine erschütternde Beschreibung der Situation gibt der schwäbische Augustinermönch Abraham a Sancta Clara, wortgewaltiger Hofprediger Leopold I. (1657–1705) in seiner berühmten Schrift: „Merks Wien“:

*„Das Ratgassel ist vor dem Tod kein Rettgassel geworden. In dem Rosengassel hat der Tod ziemlich abgebrockt. In dem Judengassel hat der Tod keinen Sabbath gehalten ... In dem Renngassel sind dem Tod wenig entloffen. In dem Strohgassel hat er manchen auf dem Strohsack erwürgt! In dem Färberstraßel hat der Tod zum mehrsten die bleiche Totenfarb ange-*

*strichen! In beiden Schenkstraßen hat der Tod nicht vielen das Leben geschenkt. In der Landskron hat der Tod das Zepter geführt ... Im Stock im Eisen hat der Tod sich hart genug gezeigt. Summa ist kein Gassen und Straßen ... welche der rasende Tod nicht hatte durchstrichen. Man sah den ganzen Monat um Wien und in Wien nichts als Tote tragen, Tote führen, Tote schleifen, Tote begraben.*"

Aber anstatt wirksame Vorsichtsmaßregeln zu treffen, begann man immer neue „Wundermittel" anzupreisen, vom Ausräuchern der Wohnungen vornehmlich mit Wacholder über die verschiedensten Amulette bis zu sogenannten „Schutzbriefen", die von Scharlatanen gegen hohes Entgelt ausgestellt wurden und den Besitzer vor der schrecklichen Krankheit bewahren sollten.

Vielfach wurde die Schuld an der Ausbreitung der Seuche auch bösen Hexen in die Schuhe geschoben – eine Ansicht, die selbst von bekannten Ärzten vertreten wurde. So behauptete der Wiener Arzt Johann Wilhelm Managetta 1665, *„das von etlichen verzweifelten Hexen und Zauberinnen erst wann sie gestorben und begraben seyn die Pestillenz erreget werde"*. Der treffliche Arzt berichtet dann weiter über einen Vorfall in einem polnischen Dorfe, in dem 1572 eine weibliche Leiche in die Kreuzerhöhungskirche der „Reißischen Lemburg" gebracht und dort beigesetzt worden sei. Nachdem bald darauf die Pest ausgebrochen war, vermutete man hier einen Zusammenhang, öffnete das Grab und stieß der Leiche mit einer Schaufel den Kopf ab, worauf die Pest schlagartig nachgelassen habe. *„Man hätte"*, schloss er seinen Bericht, *„aber dem Teufels-Aas die Erden neben anderer christgläubi-*

*ger Cörper nicht vergönnen, sondern wie anderstwo mehr geschehen, ganz ausgraben und zu Aschen verbrennen sollen.“*

Neben Hexen und Zauberinnen wurde auch Gottes Zorn für die Seuche verantwortlich gemacht. Priester riefen zu strengen Bußübungen auf, und die Menschen zogen, sich verzweifelt die bloße Brust geißelnd, in Scharen durch Städte und Dörfer, um einen strengen Gott damit zu versöhnen. Viele von ihnen starben, weil sie den Strapazen dieser wahnsinnigen Wallfahrten nicht gewachsen waren, bis Papst Cölestin 1349 die Geißlerzüge verbot.

Und natürlich waren auch die Juden an der Ausbreitung der Seuche schuld. Sie vergifteten angeblich die Brunnen, waren Hostienschänder und darüber hinaus für vielerlei Übel verantwortlich zu machen. Auch wenn Herzog Albrecht II. (1298–1358) Judenprogrome, wie sie in Deutschland oder in der Schweiz während der großen Pest Mitte des 14. Jahrhunderts stattfanden, größtenteils verhindern konnte.

Aber die sanitären Zustände blieben weiter unbeschreiblich, die Friedhöfe innerhalb der Stadt und in unmittelbarer Nähe der Spitäler sorgten für eine Verseuchung des Trinkwassers, Ratten und Ungeziefer wurden zu potentiellen Überträgern. Erst vor diesem Hintergrund, der bis ins 18. Jahrhundert hinein wirksam blieb, sind die Reformen Josephs II., in ihrer vollen Bedeutung zu verstehen

## Freimaurer und Gespenster

Nachdem jedoch die Katakomben zu St. Stephan für die Öffentlichkeit nicht mehr zugänglich waren, begannen die Sagen und Gerüchte erst so eigentlich zu wuchern und zu blühen. Man erzählte sich von labyrinthartigen, fünf Stockwerke übereinander liegenden Gängen und Schächten unter dem Stephansplatz, wobei die drei untersten Stockwerke mit je drei Schlössern verschlossen gewesen sein sollen: Ein Schlüssel werde beim Magistrat, einer beim erzbischöflichen Ordinariat und einer bei Hofe aufbewahrt.

Gruseliges und Geheimnisvolles soll sich in dieser ausgedehnten unterirdischen Totenstadt abgespielt haben; so sei etwa die Pest im Jahre 1679 nicht, wie die Historie behauptet, von Ungarn eingeführt worden, sondern von 13 Lanzettenrittern aus Frankreich, die mit Wissen des Totengräbers vom Stephansfreithof, Michael Unker, hier ihre geheimen Sitzungen abgehalten und den „Peststoff" an Verschwörer verteilt hatten. Weiters sollen die Freimaurer just die Pestgrube zu ihrem Speisesaal auserwählt haben, während sich ihre Loge einen Stock darüber befand. Sogar Banknotenfälscher hat man in das Reich der Toten verwiesen, auch sie sollen sich in der Pestgrube einen Arbeitsraum eingerichtet, außerdem aber einen Schacht von den Katakomben zum Keller des Deutschen Hauses gegraben haben.

Über Verbindungen zu den Kellern benachbarter Bürgerhäuser weiß die Legende auch noch anderes zu berichten. So soll in der Nacht eines trüben und feuchten Novembertages des Jahres 1865 aus dem Keller des ehemaligen Arthaber-Hauses, Stephansplatz Nr. 9, ein Klopfen gehört worden sein. Als um Mitternacht eine „Polizei Commission" hier nach dem Rechten sehen wollte, fand sie eine vermauerte Tür, welche, nachdem sie durchschlagen worden war, in lange Gänge und schließlich zu einer Treppe führte, die in eine endlose Tiefe mündete – der Störenfried allerdings war nicht ausfindig zu machen. Vielleicht handelte es sich dabei um den Geist jenes Lehrjungen, der einst, als die Grüfte noch zugänglich waren, vorwitzig hinuntergestiegen und dort elend verhungert und verdurstet sein soll. Diese Geschichte erzählte ein Steinmetz Gehilfe der Bauhütte jedem, der sie hören wollte, wobei er zum Beweis die Fragmente eines Steinkruges vorzeigte, den besagter Lehrjunge bei sich gehabt habe. Dabei – so weiß der Chronist zu berichten – soll der Steinmetz so herzergreifend die Qualen des Durstes geschildert haben, dass *„selbst der gedankenloseste Besucher den Sinn der Rede erfaßte"*.

## Makabre „Ausstellung des Todes“

Im 19. Jahrhundert wurden dann die Grüfte abermals geöffnet, allerdings nicht, um weiter als Begräbnisstätte zu dienen, sondern als makabre Grusel-Sensation für einschlägig Interessierte. Es gab damals schon bestallte Führer, die einheimische oder fremde Besucher durch die Gänge führten, wobei zur Erhöhung des schaurigen Eindrucks die zum Teil mumifizierten Leichen aufgestellt und willkürlich mit berühmten Namen versehen wurden, *„oder dem Beschauer auf dessen niedrige Instincte speculierend, offene Särge mit nackten weiblichen Leichen“* gezeigt wurden, wie Dr. Leopold Senfelder in seinem Buch „Die Katakomben bei St. Stephan“ im Jahre 1902 schockiert bemerkte. Die Stephansgrüfte waren also zu einer touristischen Sensation geworden, denn sie *„boten ja mehr des Schreckhaften als irgend ein Panoptikum oder eine Praterhütte zu bieten vermag“*. Vor allem im Jahr der Weltausstellung 1873 soll der Besuch gewaltig gewesen sein, wie die alten Rechnungsbücher der Dombauhütte beweisen.

Wie ein Gang durch die damaligen Katakomben auf ein etwas sensibleres Gemüt gewirkt haben mag, beschreibt Adalbert Stifter in einem Erlebnisbericht:

*„Wir treten nun wieder in eine neue Halle, und wie ich um die Ecken des Pfeilerbogens komme und vor mich hinleuchte, erschrak ich heftig. Ein großer nack-*

*ter Mann lehnte starr an der Mauer; zu seinen Füßen saß ein anderer zusammengekrümmt, die Hände über der Brust gefaltet, und den Kopf, der nur mehr an einem losen Band des Halses hing, über die Schulter seitwärts gesunken – eine Frau, in sich gebückt, gleichfalls mit gefalteten Händen, wie man sie ihnen im Sarge gegeben – alle mit verzerrten Zügen; aber bis zum Erschrecken deutlich waren die Gesichter und die Körperformen, als wären sie gestern hierhergestellt worden; denn aus einer mir unbekannten Ursache war hier keine Verwesung eingetreten, sondern die Haut war sanft getrocknet und war anzufühlen wie weich gegerbtes Leder ...“*

Nach dem Ausbau der Hochquellenleitung 1873, die zur Folge hatte, dass die Hausbrunnen nicht mehr gebraucht wurden, stieg der Grundwasserspiegel, Feuchtigkeit drang in die einst trockenen St. Stephansgrüfte. Es kam zu einer ersten Räumung, der in wenigen Jahren die letzte und endgültige folgte. Die Särge wurden entweder in Seitenkrypten geschafft und vermauert, oder die Gebeine unter dem Boden verscharrt. Wer sich jetzt einer jener Führungen anschließt, die täglich Hunderte von Menschen durch die alten Gänge schleust, sieht außer den insgesamt 15 Metallsärgen in der Herzogsgruft und weiteren, in Wandnischen eingelassenen Särgen bekannter Bischöfe und Erzbischöfe nur noch etliche hinter Glas mit dezenter Beleuchtung versehene, halb vermorschte Holzsärge Unbekannter und einen – ebenfalls hinter vergittertem Glasfenster befindlichen – ungeordneten Haufen übereinanderliegender Gebeine. Man hat den Tod steril gemacht, in eine Auslage verbannt, antiseptisch verpackt sozusagen. Er wurde dem eigentlichen Blickfeld entrückt, zu einer unverbindlichen Aussage stilisiert. Womit man ihn, wenn auch nicht besiegt, so doch erfolgreich verdrängt zu haben glaubte.

# „Hier wird einmal gutt ruhen seyn“

Zu einer Touristenattraktion ersten Ranges ist auch die Kapuzinergruft, Begräbnisstätte der Habsburger durch drei Jahrhunderte, geworden. Autobusse und Menschenmassen verstopfen häufig die Tegetthoffstraße dort, wo sie gerade am engsten ist, nämlich am Eingang zum Neuen Markt. Verkehrsstauungen, fluchende Autofahrer, die mit einem Hupkonzert den örtlichen Gegebenheiten unkundige Autobuslenker zurechtweisen wollen, sind keine Seltenheit. Hunderte von Touristen aus allen Ländern drängen sich hier in der Hochsaison täglich durch den Eingang der Kapuzinerkirche und weiter in die festlich beleuchteten Grüfte, vorbei an den prunkvollen, Macht und Herrlichkeit der Herrscher über den Tod hinaus dokumentierenden Sarkophagen.

Wie anders mag es damals, vor über 400 Jahren hier ausgesehen haben, als jene zwölf Kapuzinermönche aus Italien mit Stock und Kreuz und ansonsten nur dem, was sie auf dem Leibe trugen, vor den hohen Mauern der Stadt, am alten „Kerner Thor“, Einlass begehrt haben sollen. Der Sage nach hatte sich im Jahre 1599 der Erzbischof von Prag an den Papst mit der Bitte gewandt, er möge Mitglieder der Kapuziner senden, um den alten katholischen Glauben wiederherzustellen. Und nun machten die zwölf Mönche Zwischenrast, und zwar am „Neuen Marckt“, einem freien Platz zur linken Seite der Straße, die vom „Kerner Thor“ in die Innere Stadt führte. Erschöpft und vom Hunger geschwächt, wollten sie am Brunnen ausruhen.

Alsbald sammelte sich eine Menschenmenge um die Fremden, wollte Neuigkeiten erfahren, gab ihnen vielleicht auch Brot vom Bäcker der nahen „Mel Gruben". Plötzlich eilte, Platz machend, ein Lakai heran, dem ein Hofwagen folgte, in dem die erst fünfzehnjährige Erzherzogin Anna, spätere Gemahlin von Kaiser Matthias, saß. Sie ließ anhalten, ging durch die ehrfurchtsvoll sich verbeugende Menge und fragte die Männer nach dem Woher und Wohin. Nach Rücksprache beim Papst soll die fromme Erzherzogin dann erwirkt haben, dass sechs der Mönche in Wien bleiben durften, um außerhalb der Stadtmauern, bei „St. Ulrich auf dem Plätzl", ein Kloster zu bauen.

Soweit die Sage. Historisch belegt allerdings ist die Tatsache, dass Kaiserin Anna 1618 die Gründung von Kirche und Kloster samt einer Gruft für sich und ihren Gemahl durch die Kapuziner innerhalb der Stadtmauer am Neuen Markt testamentarisch verfügte: *„Alle Täfelein (Gemälde) sammt dem Altäre so in meiner Capelle sind, verschaffe ich in die Kapuzinerkirche ... Das Silbergeschirr, so ich im Testament sonst Niemand verschafft oder geschenkt habe, ordne ich, daß man es zu Hülff den silbernen Altar in die Capelle unserer Begräbniß zu machen anwende ..."* Aber infolge der Wirren des Dreißigjährigen Krieges kam es erst 1622 unter Ferdinand II. zum Bau der Kirche, 1627 wurden dann bereits Teile, 1632 die ganze Kirche geweiht. Und erst 1633, 15 Jahre nach ihrem Tod, konnte ihr ebenso wie ihres Gatten Sarkophag in der Gründergruft, früher Engelsgruft genannt, beigesetzt werden.

Damit war der Grundstein gelegt für jene weltberühmte Begräbnisstätte, in der fast alle Mitglieder des österreichischen Herrscherhauses, angefangen von Kaiser Matthias bis zu Kaiser Franz Joseph I. ruhen. Eine Ausnahme bildet Ferdinand II., der in einem Mausoleum in Graz bestattet wurde. Auch an Karl I., jenen letzten und glücklosen Kaiser, der 1922 auf Madeira in der Verbannung starb, erinnert lediglich eine Gedächtnisbüste, die, 1938 auf Befehl des Reichsinnenministeriums entfernt, erst im Frühjahr 1947 wieder aufgestellt werden konnte. Hingegen nur ein einziger Gast ohne entsprechenden Stammbaum in diesem ausgewählten Kreise ruht: Gräfin Karoline Fuchs, Erzieherin der Kaiserin Maria Theresia, von dieser verehrt und geliebt und zum Dank post mortem in die eigenen Reihen aufgenommen.

Von der ursprünglichen, der Gründergruft, ausgehend, hat fast jeder der folgenden Herrscher am Ausbau der Grüfte gearbeitet. Leopold I. ließ sie sogar zweimal erweitern, Joseph I. baute ebenfalls dazu, und Karl VI. schließlich beauftragte damit Lucas von Hildebrandt. Den imposantesten Gruftraum aber ließ sich sicherlich Maria Theresia bauen. Architekt war Jean Jadot de Ville Issey, der auch den kleinen Redoutensaal in der Hofburg schuf und mit dem leicht Spielerischen, Schwebenden, Bezaubernden des Rokoko selbst die Stätte des Todes schmückte. In einem Zentralraum auf kreuzähnlichem Grundriss mit ovaler Kuppel symbolisieren die in die Höhe strebenden, immer wieder von weißem Gesims unterbrochenen Pilaster das Überwinden des Todes durch das Leben. Auch das durch die Kuppel strömende Licht erscheint verheißungsvoll, es verkündet Auferstehung und ewiges Leben. Und so wollte es Maria Theresia auch verstanden wissen, selbst der Rokokosarkophag, den sie von Balthasar Ferdinand Moll für sich und ihren Gemahl anfertigen ließ, ist nicht nur mit den beiden, obenauf ruhenden und zur Auferstehung sich erhebenden Gestalten, sondern auch mit seiner Vielfalt an spielerischem und leichtem Dekor eher dem Leben als dem Tod verpflichtet.

Dieser Glaube an das ewige Leben verhalf ihr auch zu jener oft gerühmten Todesvertrautheit, die in dem bekannten Satz: „Hier wird einmal gutt ruhen seyn", gipfelte, den sie getan haben soll, als ihr der Zinngießer den eben vollendeten Sarkophag vorführte. Maria Theresia hat sich offensichtlich recht wohl gefühlt in „ihrer" Gruft. Sie soll hier bis zu dreimal in der Woche, häufig mit den Erzherzoginnen zusammen, der Messe beigewohnt und anschließend stundenlang am Sarg ihres Gatten gebetet haben. Und als ihr im vorletzten Jahr ihres Lebens der Aufstieg aus der Gruft bereits zu beschwerlich geworden war, ließ sie hinter dem Klosterchor einen Aufzug anbringen. Das letzte Mal wurde sie damit zu Allerseelen 1780 aus der Gruft gezogen, und als der Aufzug dabei zweimal steckenblieb, meinte sie ahnungsvoll: „Die Gruft will mich nicht mehr herauflassen." Sie sollte recht behalten: Bereits am 3. Dezember wurde ihr Leichnam an der Seite des 15 Jahre zuvor verstorbenen Franz Stefan von Lothringen beigesetzt.

Das besondere Gespür der Kaiserin für symbolhafte Zeichen und Gesten behielt seine Wirkung über ihren Tod hinaus. Dass die Mitglieder der kaiserlichen Großfamilie, Kinder und Enkel, kreisförmig um ihren Sarkophag bestattet wurden, bestätigte ihr Image als große Mutter. Hingegen die Gegensätze zwischen ihr und dem schwierigen Sohn Joseph II. kaum irgendwo so deutlich werden als just hier in der Kapuzinergruft: Der strenge, in seiner Einfachheit spartanisch wirkende Sarg Josephs II. vor dem in üppigen Formen schwelgenden Sarkophag Maria Theresias lässt an Provokation nichts zu wünschen übrig. Aber auch noch auf andere Art und Weise wurden in der Kaisergruft Gegensätze zwischen Mutter und Sohn ausgetragen: Als im Jahr 1782 Papst Pius VI. vor dem Sarg der verstorbenen Kaiserin eine Messe las, bat er ihren Geist um Hilfe gegen den aufklärerischen Sohn. Hingegen Napoleon, der am 5. Oktober 1809 spät abends die Begräbnisstätte der Habsburger zu besichtigen wünschte, bereits die ganze kaiserliche Familie beisammen fand. Der französische Emporkömmling, der in Schönbrunn wohnte und dort von der Pracht und Herrlichkeit sicherlich beeindruckt war, trug sich möglicherweise schon damals mit dem Gedanken, durch Heirat mit einer Habsburg-Tochter an einem großen geistigen Erbe zu partizipieren. Welcher Art die Zwiesprache war, die er im Halbdunkel, begleitet nur von einer Wache und dem Pater Guardian, mit der verstorbenen Kaiserin führte, kann allerdings bloß vermutet werden. Aufzeichnungen darüber sind nicht bekannt.

Welch großen Wert Maria Theresia auf ein entsprechend würdevolles Andenken nach dem Tod legte, zeigt auch die Pflege, die sie den sterblichen Überresten anderer angedeihen ließ. So wurden unter ihrer Herrschaft die alten gotischen und schon halb verfallenen Särge in der Herzogsgruft von St. Stephan 1754 durch kupferne Barocksärge ersetzt, und auch der einfache Holzsarg ihrer Großmutter, der Kaiserin Eleonora Magdalena Theresia, die sich auf eigenen Wunsch in der Tracht des Ordens der Sklavinnen Mariens und mit der Sargaufschrift „Eleonora Magdalena Theresia arme Sünderin“ bestatten ließ, schien ihr zu wenig repräsentativ. Der reichgeschmückte Bronzesarg, in den die Überreste der Verstorbenen auf ihre Anordnung übertragen wurden, entsprach da schon eher ihren diesbezüglichen Vorstellungen.

Abschied

Aber auch der Vater Maria Theresias, Karl VI., sorgte für eine pompöse letzte Ruhestatt. Seinen Barocksarg ziert der weltberühmte Totenkopf mit der römischen Kaiserkrone, Sinnbild der Vergänglichkeit allen Fleisches und des Triumphs des Todes, der in ewiger Gerechtigkeit das gekrönte Haupt ebenso besiegt wie den ärmsten Namenlosen. Auf diese Gleichstellung von Arm und Reich im Tode gründet auch eine Erzählung, die immer wieder in Berichten über die Kaisergruft auftaucht, die erwiesenermaßen allerdings erst beim Begräbnis von Zita von Bourbon-Parma, der letzten Kaiserin und ihrem Sohn Otto von Habsburg, durchgeführt wurde. Immerhin jedoch beschreibt die Wiener Zeitung dieses Ritual bereits am 1. Dezember 1916 anlässlich des Todes Kaiser Franz Josephs. Danach habe dem spanischen Zeremoniell zufolge der Obersthofmeister mit seinem Stab an die Türe der Gruft geklopft und um Einlass gebeten. *„Dumpf tönte die Stimme des Paters Guardian, der ohne zu öffnen die Frage stellte: ‚Wer ist da?' – ‚Seine Majestät, der allerdurchlauchtigste Kaiser Franz Joseph.' – ‚Ignosco, den kenne ich nicht.' – ‚Der Kaiser von Österreich und apostolische König von Ungarn.' – ‚Ignosco, den kenne ich nicht.' Zum dritten mal schlägt der Oberzeremonienmeister an die verschlossene Pforte. ‚Wer verlangt Einlaß?' – ‚Ein sündiger Mensch, unser Bruder Franz Josef.' darauf wird die Pforte geöffnet."*

Totenköpfe, beliebtes Todessymbol im Hochbarock, sind häufiges Schmuckmotiv der Sarkophage in der Kapuzinergruft. Vier Totenköpfe in Harnisch und mit geöffnetem Visier stützen den Sarkophag Josephs I. in der Karlsgruft. Der Tod in der Rüstung, verhüllt und doch ständig gegenwärtig, der Tod auf dem Schlachtfeld, im Kampf, zieren die Seitenreliefs. Den Sarg des Erzherzogs Leopold Josef von Johann Philipp Stumpf schmücken Totenköpfe, aus deren Augenhöhlen Schlangen kriechen, und die zwei Sarkophage der Erzherzoginnen Maria Theresia, Tochter Leopolds, und Eleonore Maria, Tochter Ferdinands III., zeigen die Darstellung eines Totentanzes, barockes Sinnbild der Vergänglichkeit.

Zu diesen Insignien des Todes, denen häufig auch noch die Sanduhr beigegeben ist, gesellen sich die Insignien der Macht: Krone oder Erzherzogshut, Wappen, Szepter und Hermelin. In bewegten Reliefs werden Taten und Ereignisse aus dem Leben des Verstorbenen dargestellt und verherrlicht. Es ist hier – ebenso wie in den Trauergerüsten – die Kontinuität der Macht des Herrscherhauses, die über den Tod hinaus wirksam wird.

Diesen hochbarocken Sargformen, in denen sich die Auseinandersetzung mit Leben und Tod am bildhaftesten ausdrückt, stehen die wesentlich schlichteren Sarkophage der früheren und späteren Zeit gegenüber: Die Renaissance-Sarkophage der Gründerzeit und frühbarocken Särge aus der Zeit Ferdinands III. und Leopolds I. auf der einen, die klassizistischen Särge aus der Zeit Josephs II, ebenso wie Särge mit antikisierenden Elementen von Kaiser Franz II. bzw. I. auf der anderen Seite.

Der letzte der hier bestatteten Kaiser, Franz Joseph I., ruht in einem einfachen, mit sparsamer Ornamentik versehenem Sarkophag, der sich auf erhöhtem Sockel in der Mitte des Raumes befindet, Symbol der zunehmenden Isolation und Einsamkeit des Herrschers in seinen letzten Lebensjahren. Die klare, überschaubare architektonische Gestaltung der Franz-Josephs-Gruft mit grauem Steinplattenfußboden, die Wände verkleidet mit weißen, polierten Marmorplatten, schwarzen Sockeln und violett-grauem Fries ist im Stil der Jahrhundertwende gehalten: Einerseits noch 19. Jahrhundert, weist sie doch bereits hinüber in unsere gegenwärtige, geradlinige und schmucklose Zeit.

Franz Joseph, der 68 Jahre regierte, hat den Gedanken eines Großreiches mit ins Grab genommen. Angehörige des Kaiserhauses wurden allerdings auch noch später in der Kapuzinergruft bestattet, so wie 1989 die letzte Kaiserin, Zita von Bourbon-Parma, deren Gatte Karl I. auf Madeira ruht, sowie ihr Sohn Otto von Habsburg im Juli 2011, seine Gattin Regina und sein Bruder Erzherzog Karl Ludwig. Vor allem das Begräbnis Ottos erinnerte an den Pomp vergangener Jahrhunderte. Nach der Totenmesse im Stephansdom, die von Erzbischof Kardinal Schönborn in Anwesenheit zahlreicher ausländischer Staatsoberhäupter sowie des österreichischen Bundespräsidenten zelebrieret wurde, (auch die „Kaiserhymne“ durfte als Untermalung nicht fehlen) bewegte sich der Trauerzug mit 3.500 Teilnehmern durch die Innenstadt zur Kapuzinergruft. Tausende Schaulustige säumten die Straßen, es war ein Staatsbegräbnis fast wie in Zeiten der alten Monarchie. Nur ein Grüppchen linker Demonstranten störte die nostalgische Erinnerung, die „Geschichtsfälschung“ witterten und fanden, dass die hohen Kosten, unter anderem für 400 Sicherheitsbeamte, einem besseren Zweck dienen könnten.

Gegenwärtig ist nur noch für einen einzigen Sarg Platz in der Kapuzinergruft. Wer ihn wohl demnächst besetzen wird?

In jedem Fall aber behielt jene Legende, die man sich von Kaiser Joseph II. erzählt, noch im Nachhinein ihre Gültigkeit: Als dieser den Wiener Augarten im Jahre 1775 für alle Bürger Wiens öffnete, beschwerte sich ein Angehöriger des alteingesessenen Adels, der sich diesbezüglicher Privilegien beraubt fühlte. *„Aber mein Bester“*, wies ihn der Kaiser jovial zurecht, *„wenn ich selbst nur unter meinesgleichen verkehren wollte, müßt ich glatt in der Kapuzinergruft wohnen.“*

# Der Wiener und sein Tod

Das ist es unter anderem, was den besonderen Reiz dieser Stadt ausmacht: ihre unterschiedlichen Gesichter. Das Gegensätzliche wird hier bedeutungsvoll, es bestimmt den Charakter ihrer Bewohner, ihre Philosophie, ihre Kunst – ihren Tod! Dass neben dem bonbonfarbenen Wien charmanter Festlichkeiten und hübscher Biedermeierromantik auch noch ein anderes, dunkles und abseitiges Wien existiert, in dem chaotische und dämonische Kräfte in unerlösten Seelentiefen streiten, ist in jüngerer Zeit schlüssig bewiesen worden. Wobei dessen Entdecker darauf Bedacht nehmen müssen, dass ein Klischee nicht von einem anderen abgelöst wird. Vorläufig allerdings gibt es hier noch einiges zu erforschen, der Fundus ist groß, er lässt immer noch neue Möglichkeiten, neue Schattierungen erkennen.

In den Größen dieser Stadt, die, vom kulturellen Erbe geprägt, dieses mitprägen halfen, finden sich sämtliche Dissonanzen wie Lebensfreude und Lebensekel, Todesvertrautheit und Todesfurcht, heitere Weltoffenheit und quälende Welt-Verlassenheit beispielhaft vereint. Interessant – und noch wenig durchleuchtet – ist dabei ihr ganz spezielles und charakteristisches Verhältnis zum Tod, das zugleich sehr viel über ihr Leben auszusagen vermag.

So ist es sicherlich kein Zufall, dass ein Wiener, nämlich Sigmund Freud, der Erfinder des Todestriebes ist, der von Eros, dem Bewahrer des Lebens, gehalten wird. Freud, der selbst 16 Jahre an Krebs litt und dem es wohl erst durch diese Formulierung möglich wurde, mit der Realität des Todes zu leben, hat dem Problem des Todestriebes und der Todesangst eine überragende Bedeutung beigemessen. Er hat sich ausführlich mit der Verdrängung und Leugnung des Todes auseinandergesetzt und den Begriff des Todestriebes als integrierenden Bestandteil seiner Theorie der Triebe behandelt.

Auch im Schicksal Franz Grillparzers spielt die Todesproblematik eine bedeutende Rolle. *„Nachdem man sterben sich gesehen / mit seiner eignen Leiche gehen"* könnte als Leitspruch seines Lebens gelten. Grillparzer „starb" mit 42 Jahren. *„Ich fühle mich als Greis"*, schrieb er damals in sein Tagebuch, und einige Monate später: *„Der Dichter Grillparzer ist gestorben."* Fünf Jahre danach, nach dem Misserfolg von „Weh dem der lügt", zog er sich zurück und schrieb kein einziges Drama mehr. *„Ich sterbe ab, und zwar von innen, was das Schlimmste ist"*, bemerkt er selbst dazu, denn *„er hatte von Haus aus den Tod im Herzen"*, wie Heinrich Laube feststellte. Und das, obwohl er nach „Das goldene Vließ" und „König Ottokars Glück und Ende" zu einer europäischen Berühmtheit geworden war. Einen tragisch Zerrissenen, hat Hans Weigel Grillparzer genannt, der *„in unbegreiflicher Selbstentfremdung, Selbstentzweiung, in aberwitzigem Selbsthaß"* die eigene Größe abzuwürgen verstand. Er, der Zweifler, Zauderer, Unentschlossene, der nicht nur sich selbst sondern auch Kathi, die „ewige Braut", ein Leben lang peinigte, der sich auf ständiger *„Flucht vor der Größe"* in das Kleine, Kleinliche, Missliche befand – er steht dem Österreicher quälend im Herzen geschrieben, ein Stachel im eigenen Fleisch. An seiner gespaltenen Seele, als *„Mensch, der nur zwei Fremden und keine Heimat hat"*, geht er zugrunde, im ständigen Zwiespalt von Denken und Handeln, Phantasie und Verstand zerfleischt und tötet er sich selbst.

Eine enge Lebensgemeinschaft mit dem Tod ist auch Nestroy eingegangen, auch er hat ihn zum ständigen gegenwärtigen Begleiter gemacht, der wie eine schleichende Krankheit jede Lebensfreude vermiest: *„Ich seh' einem lustigen Kerl gleich, aber das ist alles auswendig, inwendig schaut's famos aus bei mir: wie ich trink', glaub ich ein jeder Tropfen ist Gift, wie ich iß, so ißt der Tod mit mir – wenn ich spring und tanz', so ist mir inwendig, als wenn ich mit meiner Leich' ging' – wie ich einen Kameraden seh, der nix hat, so geb' ich ihm gleich alles, obwohl ich selber nix hab', weil ich in Gedanken alleweil mein Testament mach'"*, lässt er seinen Leim im „Lumpazivagabundus" sagen. Bittere und böse Wahrheiten, gekleidet in ein lustiges Gewand – damit schuf sich Nestroy ein breites Publikum. Was nicht zuletzt darin seine Ursachen hat, dass er lange Zeit missverstanden wurde. *„Die Welt steht auf kein' Fall mehr lang lang lang lang lang lang..."*, jodelt Leim weiter und reißt damit in possenhafter Manier sämtliche Fragwürdigkeiten unseres Daseins auf. Nestroy, der als bescheiden, scheu, unauffällig, gehemmt, gütig und hilfsbereit beschrieben wird, hat in seine Stücke so viel Gift und Galle eingegossen, dass sie nur als Posse zu verdauen sind. Was schon Zeitgenossen aufgefallen ist, denn Friedrich Hebbel zum Beispiel schrieb von den *„Augiasställen, die Nestroy* *hinterließ"*, und von seinen *„giftig sittenlosen Possen"*. Auch bei Nestroy steht der Tod mit lähmender Endgültigkeit dem Leben gegenüber, ist der Tod letzte, grausame Station, angesichts derer das Leben zur vergeblichen Farce gerinnt. Das Leben ist *„sein Lebtag nicht wert, daß man sich so das Leben abfrißt, um sich dasLeben zu erhalten – was hat man von dieser 50 – 60 Jahre langen Luftschnapperei?"* Das Leben ist *„ein heikliches Bild, man skizziert sich das Ding recht schön, in der Ausführung verfehlt man's, da heißt's dann, das verpfuschte Werk abliefern an die unerbittlichen Mächte, und man bekommt's nicht mehr zum* Ändern *zurück"*. Das Leben ist *„nix anderes als ein an seinem Geburtstag gefälltes, auf unbestimmte Zeit sistiertes Todesurteil"!* So und ähnlich lauten Nestroysche Betrachtungen, wenn es gilt, die Erbärmlichkeit alles Lebendigen zu beweisen, dem durch die Tatsache des Todes quasi jede Berechtigung genommen wird.

Bezeichnend war auch das Verhältnis Ferdinand Raimunds zu seinem Tod. Raimund, der häufig mit Nestroy verglichen wird, hatte trotzdem wenig mit diesem gemein. Zwar waren beide nicht nur Stückeschreiber, sondern auch Schauspieler, und beide verpackten Hintergründiges und Vieldeutiges in vordergründig-heitere Machart, doch scheint Raimund auf Grund seiner zwiespältigen, von inneren Zweifeln zerrissenen Wesensart eher Grillparzer verwandt. Auch Raimund wollte immer das jeweils andere. Er war Komiker und wollte Tragöde sein, er schrieb Zauberpossen und betrachtete Shakespeare als unerreichtes Ideal. Er liebte den Tod und fürchtete ihn zugleich:

*„Die größte Lust heißt Ruhm*
*Doch Lieb' kann sie vermehren*
*Doch meine Lieb' heißt Tod ...“*

Und in seinem Spätwerk „Der Verschwender“ wird in dem berühmten „Hobellied“, das inzwischen zu einem österreichischen Volkslied geworden ist, der Tod zum Kameraden, zum beinahe liebevollen Kumpan:

*„Zeigt sich der Tod einst mit Verlaub*
*Und zupft mich: Brüderl kumm!*
*Da stell ich mich am Anfang taub*
*Und schau mich gar nicht um.*
*Doch sagt er: Lieber Valentin!*
*Mach keine Umständ', geh!*
*Da leg ich meinen Hobel hin*
*Und sag der Welt adje.“*

In diesem fast vertrauensvollen Todesverhältnis ist viel Autobiographisches enthalten, auch Raimund war der Tod ständig präsent als die andere Möglichkeit zum Leben. Welche Ängste ihn zur gleichen Zeit peinigten, zeigt folgende Begebenheit, die Hans Weigel in seinem Buch „Flucht vor der Größe“ beschreibt: Einmal hatte er ein Stück Brot gegessen, das von einem Hund abgeleckt worden war. In panischer Furcht, an Tollwut erkrankt zu sein, brach er darauf eine Reise ab, und *„von diesem Augenblick an hatte er weder Ruhe noch Rast und es war mit ihm kaum mehr auszuhalten“*. Trotzdem hielt er sich in seinem Landhaus einen Hund, und als dieser Jahre später seine Hand geringfügig verletzte und unter dem Verdacht der Tollwut getötet worden war, schoss sich Raimund eine Kugel in den Kopf, an der er sechs Tage später starb.

Schon einmal hatte er versucht, Selbstmord zu begehen. Damals warf er sich nach einer unglücklichen Liebesgeschichte erhitzt in einen eiskalten Mühlbach, überlegte es sich aber dann doch anders und rief um Hilfe. Freunden, die ihm daraufhin scherzhaft zum Vorwurf machten, dass er am Leben geblieben sei, antwortete er: *„Man kann sich doch nicht in einem fort umbringen."*

Und trotzdem ist sein Leben, wie Hans Weigel meint, „sechsundvierzig Jahre Sterben" gewesen. Er hat sich selbst gequält, gestraft, gepeinigt, indem er immer das Unmögliche, Unerreichbare anstrebte. Er schrieb poetische Liebesbriefe, übersteigert in Inhalt und Form, an Toni Wagner, aus deren mit orthographischen Fehlern gespickten Tagebüchern gleichzeitig zu ersehen ist, dass sie sich gerade wieder einmal „sehr gezangt" hätten. Aus dem Bedürfnis nach Überhöhung, Übersteigerung heraus kleidete er menschliches Ungemach und Missgeschick in die barocke Märchenwelt anmutiger Feen- und Zauberstücke. *„Hätte sich unter dem allegorischen Personal des Raimund-Spiels die ‚Armut' befunden, so wäre sie im Burgtheater mit einem Hungertuch aus Brokat erschienen und einem Bettelstab aus dem vornehmsten Atelier für Kunstgewerbe"*, meinte Alfred Polgar dazu. Und Raimund wurde unsterblich gerade dort, wo scheinbar Nebensächliches, Absichtsloses entstand: im Hobellied, im Aschenlied, im Duett „Brüderlein fein".

Aber auch Johann Strauß, der Walzerkönig, der als Inkarnation österreichischer Lebenslust gilt, war der Todesproblematik verfallen. Es ist wenig bekannt, dass er unter quälender Todesangst litt. Er, der in zahllosen Abbildungen mit wehenden Frackschößen und in graziös anmutiger Pose von der Nachwelt gefeiert wird, war im Grunde ein nervöser, depressiver, unfroher Mensch, dessen Unrast vor allem von seiner unmittelbaren Umgebung schwer zu ertragen war. Und Strauß Vater, zu Lebzeiten hoch gerühmt und geachtet, besaß einen ebenso aufbrausenden, unausgeglichenen Charakter. Ständig auf der Flucht vor sich selbst, raste er von Konzert zu Konzert, klein, bleich, mit hoher asketischer Stirn und unruhigen Bewegungen. Schließlich, als sein Familienleben an der Berühmtheit des Sohnes zerbrach, zog er zu einer Modistin aus kleinbürgerlichen Verhältnissen, mit der zusammen er fünf Kinder hatte. Gestorben ist er elend und alleingelassen in deren Wohnung in der Kumpfgasse, damals „Kumpflucken" genannt, wo man seine Leiche auf Brettern und in armseligster Umgebung vorfand. Emilie Trampusch, so hieß seine Geliebte, hatte zuvor mit Kindern und Habe die gemeinsame Wohnung verlassen.

Trauerzug

Das Begräbnis allerdings war fürstlich, halb Wien nahm daran teil, es gab ein Meer von Blumen, und es wurden Trauermärsche gespielt, die seine Kollegen extra dafür komponiert hatten.

Sein Sohn, bereits mit 19 Jahren berühmt geworden, hatte viel von Temperament und Anlage des Vaters geerbt. Auch er übersensibel, unruhig und nervös, wurde von Unrast getrieben, Aufträge, Konzerte in rascher Folge hatten seine Lebensenergie früh verbraucht. Ein unglückliches Verhältnis zu seinem Vater, der ihm verbot, Musiker zu werden, bestimmte seine Kindheit, führte zu einer übersteigerten Liebe zur Mutter, die aus Rache an ihrem untreuen Gatten im Sohn ein väterliches Ebenbild schaffen wollte, das diesen an Ruhm und Glanz noch übertraf.

Der „Wiener Walzer", Symbol österreichischen Charmes, begann die Welt zu erobern. Aber ist diese Musik wirklich von jener frohen Beschwingtheit, von jener unkomplizierten Heiterkeit, die ihr immer nachgesagt wird? Marcel Prawy definiert den Walzer als *„Verbindung von Eros und Vergehen"* und meint weiter, die großen Meister der Oper hätten den Walzer dann verwendet, wenn die Tragödie der Liebe zum Tod führt. Er sieht unter der Oberfläche von Heiterkeit und Fröhlichkeit eine tiefe Trauer und „beinahe schaurige Melancholie", und im monotonen Hm-ta-ta des Walzerrhythmus eine Vorahnung des kommenden Unterganges der Monarchie. *„Für mich hat der Strauß'sche Walzer etwas Tragisches"*, hat auch Felix Weingart einmal zu einer Sängerin gesagt. Und *„zum Sterben traurig"* nannte ein russischer Diplomat den Alt-Wiener Walzer, den der Kongress tanzte. Dass der Kritiker Eduard

Hanslik von einem Straußschen „Walzerrequiem" gesprochen hat, mag vielleicht in der Vorgeschichte des Wiener Walzers eine tiefere Bedeutung finden: Damals, am Ende des 18. Jahrhunderts, sollen beim rasenden Tempo des „Langaus", eines Vorläufers, Menschen vom Schlag getroffen worden sein.

Wie nun der Wiener Walzer in seiner eigentlichen Wirkung und Bedeutung auch definiert werden mag – Tatsache bleibt, dass jener, der als sein Schöpfer unsterblich in die Geschichte eingegangen ist, von Ängsten jeder Art gepeinigt wurde: der Angst vor dem Alleinsein, der Angst vor der Natur (er soll angeblich den Wienerwald, den er in seinen Melodien besungen hat, kein einziges Mal betreten haben), der Angst vor dem Altern, der Angst vor Krankheit und Verfall. Strauß hatte Angst vor dem Sonnenschein, am liebsten komponierte er bei Sturm und Regen, und einmal schrieb er aus Bad Ischl an Girardi, eine schöne Sommernacht käme ihm vor wie eine fade Blondine. Er hatte eine beinahe panische Angst vor Eisenbahnfahrten, *„das Eisenbahnfahren kommt mir gleich nach dem Hängen"*. Max Kahlbeck berichtet, dass er nur bei heruntergelassenen Vorhängen reiste, außerdem führte er immer Champagner mit sich, um sich die Fahrt erträglich zu machen, und wenn der Zug durch einen Tunnel oder über eine Brücke fuhr, soll er sich der Länge nach auf den Boden gelegt haben. Und schließlich und endlich hatte er Angst vor dem Tod. Er nahm grundsätzlich an keinem Begräbnis teil, nicht einmal an jenem seiner Mutter und seiner Gattin Jetty. Als letztere starb, verließ er die Wohnung und zog in ein Hotel. Schnitzler erzählt von seiner letzten Begegnung mit Strauß, bei der er vor einer Premiere auf humorvolle Art und Weise meinte, Strauß könnte schlimmstenfalls mit Valentin sagen: *„Ich sterbe als Soldat und brav."* Worauf Strauß, der eine *„exaltierte Angst vor dem bloßen Wort ‚sterben'„* hatte, eine ungeheure Aufregung befallen hätte, die viele Stunden nicht gewichen sei.

Es erscheint bezeichnend, dass es von Strauß kein einziges Bild gibt, auf dem er lächelt. Sehr wohl allerdings suchte er zu gefallen: immer tadellos und elegant gekleidet, mit pechschwarz gefärbtem Haar und mit von der Brennschere gekräuselten Locken. Aber sein gespannter Ausdruck, sein häufig beinahe starrer Blick verraten viel von den großen, sicherlich nur mit äußerster Konzentration unter Kontrolle gebrachten inneren Spannungen.

Auch ein anderer, dessen Musik einen eher heiter-schwebenden Charakter besitzt, nämlich Mozart, hatte mit Todesangst zu kämpfen. Die zahlreichen Vergiftungs-Theorien, die bald nach seinem Tode auftauchten und durch eigene Äußerungen entstanden sind, wurden durch die neuere Forschung in keiner Weise bestätigt worden. Vielmehr erscheinen sie im Rückblick als ein sichtbarer Beweis dafür, dass er sich von Feinden umgeben und verfolgt fühlte. Im Reisetagebuch des britischen Verlegerehepaares Vincent und Mary Novello, das über die Eindrücke eines Besuches in Österreich, unter anderem bei den Hinterbliebenen Mozarts im Jahre 1829, berichtete und erst 1959 in deutscher Sprache erschienen war, heißt es: *„Ungefähr 6 Monate vor seinem Tod kam Mozart der furchtbare Gedanke, daß ihn jemand vergiften wolle – er kam eines Tages zu Konstanze und klagte über große Schmerzen in den Lenden und allgemeine*

*Mattigkeit. Einer seiner Feinde habe ihm die verderbliche Mixtur, die ihn töten würde, beigebracht, ... ‚Ich weiß, daß ich sterben muß', rief er aus, ‚jemand hat mir Aqua Toffana (eine Arsenverbindung) gegeben ...'"* Auch Isaak von Gemig schrieb 1802 in seiner „Reise durch Österreich" über Mozart: *„Er klagte über Giftsymptome, daß er nun die Welt verlassen müsse, wo sein Leben erst angehn, wo sein Ruhm über Lebenssorgen erhaben, ihn zum glücklichen Menschen gemacht habe."*

Die Fama um Mozarts Tod erging sich in den wildesten Gerüchten. Nicht nur der Komponist und Mozarts Rivale Salieri soll an seinem Tode schuld gewesen sein (er hat sich des Mordes zeitgenössischen Berichten zufolge selbst bezichtigt), sondern wenige Monate zuvor soll auch ein geheimnisvoller Unbekannter durch einen ebenso geheimnisvollen Sendboten bei Mozart ein Requiem bestellt haben – wobei jedoch später einwandfrei bewiesen werden konnte, dass es sich bei diesem anonymen Besteller nicht etwa um Gevatter Tod handelte, der den Komponisten seine eigene Totenmesse komponieren ließ, sondern um einen Adeligen, der das Musikstück nach dem Tode seiner Gattin bestellt hatte. Die Geschichte mit Salieri hingegen wurde von dem russischen Dichter Puschkin zu einem Bühnendrama verarbeitet (das später Rimsky-Korsakow vertonte), in dem der neidische Rivale Salieri Mozart den Giftbecher kredenzt. Nach anderen Versionen soll Mozart von einem Angehörigen der Freimaurer, deren Mitglied er in den letzten sieben Jahren seines Lebens war, beseitigt worden sein, weil er in seiner Oper „Die Zauberflöte" Gebräuche des Ordens auf die Bühne gebracht und damit verraten habe.

Wie die Mozartforschung jedoch ergeben hat, ist Mozart *„an einer langen Nierenkrankheit im urämischen Coma“* gestorben.

Die Liste jener von der „Krankheit zum Tode“ Gezeichneten ließe sich beliebig fortsetzen. Otto Weininger, der Frauen- und Judenhasser, beging in seinem 24. Lebensjahr, vier Monate nach Erscheinen seines Werkes „Geschlecht und Charakter“, in Beethovens Sterbehaus Selbstmord. Er besaß nichts von jenem freundlichen wienerischen Charme, mit dem man diese Stadt auszustatten pflegt, nichts von ihrer Leichtigkeit, ihrer verbindlichen Art. Vielmehr lebte er asketisch und ohne irgendwelche emotionalen Bindungen, von Selbsthass, von psychischen Angstzuständen und qualvollen Depressionen gepeinigt, in denen er alles Böse in der Welt als Schuld, und zwar als eigene Schuld empfand. *„Ich morde mich selbst, um nicht einen anderen morden zu müssen“*, schrieb er wenige Tage vor seinem Freitod.

Georg Trakl starb im Ersten Weltkrieg mysteriös und viel zu früh, Josef Weinheber schied am Ende des Zweiten Weltkriegs durch eine Überdosis Schlaftabletten aus dem Leben, Egon Friedell entzog sich durch einen Sturz aus dem Fenster nazistischen Verfolgungen, und Nikolaus Lenau, dessen schwermütige Natur-Poesie zu dem Schönsten gehört, was die österreichische Lyrik zu bieten hat, starb nach Aufenthalten in einer Nervenheilanstalt im Wahnsinn. Seine Gedichte, in denen die ganze österreichische Landschaft mit Wald und Schilf, Berg und See enthalten ist, werden von Todes- und Liebessehnsucht getragen:

*„Und als ich mußte scheiden und gute Nacht dir bot*
*wünscht' ich bekümmert beiden im Herzen uns den Tod."*

Sein Schicksal heißt Sophie Löwenthal, die von ihm eine rein platonische Liebe verlangte, an der er schließlich auch zerbrach. Im eigentlichen jedoch scheiterte er an der eigenen Unschlüssigkeit und Zerrissenheit, an dem Mangel an Selbstbestimmung und Tatkraft. *„Ich möchte gerne im Grabe liegen! Helfen Sie mir von dieser Schwermut, die sich nicht wegschmerzen, nicht wegpredigen, nicht wegfluchen läßt"*, schrieb er an seinen Freund Kerner. So wie sein „Faust" in dem dramatisch-epischen Gedicht in tragischer Ausweglosigkeit und Verzweiflung durch Selbstmord endet, fehlte auch Lenau die nötige Selbstsicherheit und innere Stärke: *„Umarme mich, du stiller Todesmut ... denn glauben kann ich nimmermehr."* Gleichzeitig jedoch erschien ihm seine Qual ein beinahe willkommener und gewünschter Anlass, poetische Kräfte zu mobilisieren: *„Ich will mich selbst ans Kreuz schlagen, wenn's nur ein gutes Gedicht gibt."* Selbstquälerisch, selbst zerstörerisch auch er – vor dem Hintergrund einer wunderbaren, traumverlorenen und sehnsuchtsvollen Poesie.

# Da Himme is a Schanigoatn

Das ganz besondere Verhältnis des Wieners zum Sterben und zum Tod drückt sich in vielen Liedern und Gedichten, in Komödien und Tragödien, in Kasperliaden und volkstümlichen Moritaten aus. Am besten aber hat sich dieses enge Nebeneinander von Lustigkeit und Traurigkeit, von Leben und Tod, gepaart mit einem guten Schuss Sentimentalität, im Heurigenlied bewahrt. Der Wein, bestens geeignet, die eigentliche Problematik an die Oberfläche des Schwipserls zu ziehen, schafft die Grundlage dazu, die Musik – der schluchzende Geigenton, das „picksüaße Hölzl“, die Zither, das „Maurerklavier“ – tut ein übriges. Und so kommt es zu den zahlreichen, den Tod und das Sterben besingenden Heurigenliedern, in denen gleichzeitig mit einer Sehnsucht, als sei's das letztemal, Lust am Leben beschworen wird, die sich hier in die Kurzfassung „Musi, Wein und Madeln“ drängt. In dem Lied „'s wird schöne Maderln gebn, und mir werdn nimmer leb'n“ liegt ebenso die Quintessenz absoluten Abschiedsschmerzes wie in „Erst wauns aus wird sein mit aner Musi und an Wein“. Daneben spielt dann noch der Fiaker eine gewisse Rolle: „Wann i amal stirb, stirb, stirb, müaß'n mi d'Fiaker tragn und dabei die Zither schlagn ...“

Wie präsent dem Heurigenbesucher darüber hinaus der Tod und das Sterben ist, geht aus einer Beschreibung Jörg Mauthes hervor:

*„An den Abenden brennen auf den Gräbern des Ottakringer Friedhofes, der an einer der Straßen zum Wilhelminenberg liegt, mehr Totenlichter als sonst“.* Das sei, so meint Mauthe weiter, kein Zufall, denn viele Ottakringer würden vor einem Heurigenbesuch am Abend im Vorübergehen Kerzen an den Gräbern der Toten anzünden: *„Damit s' auch ein bisserl eine Freud habn, wenn s' schon tot sein müss'n“*, wie ihm ein Ottakringer ganz ernsthaft erklärte.

Über die geheime Seelenverwandtschaft von Heurigen- und Friedhofsbesuch schreibt auch Eduard Forschneritsch in seiner Erzählung „Die Leich'“: Alois Gamperl, bürgerlicher Bürstenbinder und dem Weine zugetan, stirbt im Verlauf einer Zecherei und hinterlässt eine noch resche Witwe, Amalie Gamperl, genannt Mali-Tant. Nach einer stimmungsvollen und bewegenden Begräbniszeremonie am Ottakringer Friedhof wird sie von der anwesenden Verwandtschaft und Bekanntschaft überredet, zum Abschluss und zur Krönung sozusagen beim Heurigen einzukehren, wo es, nach anfänglichem Zaudern der Mali-Tant, schließlich eine Riesen-Hetz gibt:

*„Die Stimmung wurde immer ausgezeichneter, so daß schließlich die aufs neue herbeigeholte Musik zu einem kleinen Tänzchen aufspielen mußte. Dabei passierte es bei der Enge des Raumes dem Neffen Franzi, der furchtlos die umfangreiche Mali-Tant schwang, dieser ein Falberl* von ihrem Rock zu reißen.*

*Die Mali-Tant beschwichtigte jedoch den allgemeinen Unwillen, der sich nun in Strömen über Franzis trostloses Haupt ergoß, indem sie, seine Wange tät-*

* Kleidbesatz, Rüsche

*schelnd, sagte: ‚Mach da nix draus, Tschapperl: sei ka so a Umstandskasten! Was liegt denn an den Falberl dran. Is eh ganz a billiger Fetzn!‘*

*Als sich endlich die ganze Gesellschaft in fröhlichster Laune auf den Heimweg machte und später die Zitzelsbergerischen vor der Gangtür Abschied von Frau Amalie Gamperl, der Mali-Tant nahmen, entsann sich der einzige Herr Zitzelsberger der traurigen Ursache des heutigen Beisammenseins.*

*Er schüttelte der Mali-Tant die Hand und sagte: ‚Also guate Nacht, Mali-Tant! Tröstn S'Ihna halt!‘*

*Die Mali-Tant mußte hellauf lachen und sagte: ‚Aber gehst denn net aussi, Herr Zitzelsberger! Wegn den Falberl? Do liegt do gar nix dran. Dös is ja mit a paar Stich wieder angnaht!‘*

*Ich bin fest überzeugt, der Herr Alois Gamperl muß noch im Grabe eine blutige Träne geweint haben. Nicht etwa deswegen, daß er so rasch und gründlich vergessen wurde, sondern einzig und allein aus dem Grunde, daß er bei seiner eigenen ‚Leich‘ nicht selber dabei sein konnte: ‚Denn so a Gaudi war scho lang nimmer da!‘“*

Dieses vertrauliche (oder schockierende?) Nahverhältnis zum Tod hat Tradition, im eigentlichen beginnt es bei der Legende vom lieben Augustin, der als Urbild des Wieners schlechthin gefeiert wird. Ein Feschak, der trotz Tod und Pestilenz nicht untergeht, der seine gute Laune nicht verliert, komme was da wolle. Dieses vom Wiener gehätschelte Wunschbild ist allerdings auch noch anders interpretiert worden, einen *„armen Bsuff und Schnorrer“* hat ihn Wolfgang Broer in seinem Essay „A scheene Leich'“ genannt, *„der sich seinen ‚Fetzn‘ auf den Kadavern von Mitmenschen* *ausschlaft und außer seinem lallenden ‚Alles ist hin' nichts zur Bewältigung des Todes beizutragen hat".*

Dabei wird von manchen Geschichtsschreibern sogar bezweifelt, ob dieser Augustin überhaupt gelebt hat, sogar sein Lied, mit dem er unsterblich geworden ist, soll möglicherweise gar nicht von ihm stammen, sondern ein altes, aus Böhmen eingewandertes Volkslied sein, das hier in Wien ein wenig abgeändert wurde. Wieder andere behaupten, es sei mit einem fahrenden Sackpfeifer aus dem Schwabenland nach Wien gekommen. Wie dem auch sei, Tatsache bleibt, dass ein Sackpfeifer namens Marx Augustin am 10. Oktober 1705 im Eßlerschen Hause auf der Landstraße gestorben ist, wie die Totenliste des „Wiener Diariums", der späteren „Wiener Zeitung" berichtet. Ebenso ist der Chronik zu entnehmen, dass er 1643 als Sohn eines Bierwirtes geboren wurde. Was dazwischen liegt ist zwar nicht amtlich belegt, doch darf mit Fug und Recht ein gewisser Wahrheitsgehalt der diesbezüglichen Berichte und Geschichten angenommen werden. Demnach soll Augustin unter anderem im Wirtshaus „Kroatendörfl" (später Spittelberg, Breitegasse), im Schöff (Mariahilf), im „Roten Hahn" auf der Landstraße, im „Güldenen Lambel" (Lamm) in der Leopoldstadt und „Bei den drei Haasen" in der Kärntner Straße verkehrt und dort auch gespielt haben. In die Pestgrube soll er während der Pestepidemie von 1679 gelangt sein, als er auf dem Weg zwischen Burg und St. Ulrich stockbesoffen seinen Rausch ausgeschlafen und von den Siechenknechten in der Annahme, es handle sich um einen Pesttoten, zu den anderen Pestleichen geworfen wurde. Seine letzte Nacht hat er dann am alten Fleischmarkt beim Ulrich Konrad

Puffan durchgezecht, und wenige Stunden später soll er in seiner Dachkammer auf der Landstraße einem Schlaganfall erlegen sein. Auf dem Nikolai-Friedhof, dem heutigen Platz und Markt vor der Rochuskirche, wurde er sodann begraben.

Marx Augustin war wahrscheinlich der erste Wiener Volkssänger, der sich seine Lieder selbst reimte und vertonte. Er soll auch der erste jener bereits aus dem Mittelalter stammenden Bänkelsänger gewesen sein, der sich sesshaft gemacht hat. Die Geschichten und Legenden, die sich um den „lieben Augustin" ranken, sind zahlreich, er ist auf jeden Fall der früheste Vertreter jener Wiener Spezies, die im Wirtshaus sitzt und ihr Schicksal beklagt. Und wenn auch die Verse des „lieben Augustin", aus der damaligen Situation heraus betrachtet, in ihrer Resignation und ihrem tiefgründigen, makabren Humor erschüttern, so ist doch auch der sentimentale und jammernde, sich in seinem Selbstmitleid wohlfühlende Wiener aus eben dieser Wurzel heraus zu verstehen. Kein Wunder also, dass Alfred Polgar dieses Lied in einem Kasperlspiel zur österreichischen Bundeshymne ernennen lässt:

*„O du lieber Augustin s' Geld is hin,*
*s'Mensch ist hin*
*O du lieber Augustin, alles is hin.*
*Wär schon des Lebens quitt*
*hätt ich nicht noch Kredit*
*Aber so folgt Schritt für Schritt mir der Kredit*
*Na und selbst s'reiche Wien*
*arm ist's mit Augustin.*
*Seufzt mit ihm in gleichen Sinn: alles ist hin.*
*Jeden Tag war sonst ein Fest*

*Jetzt aber hab'n mir d'Pest.*
*Nur a groß' Leichennest, das ist der Rest*
*O du lieber Augustin*
*Leg nur ins Grab dich hin*
*O du mein herzliebes Wien, alles ist hin."*

Aber nicht nur der Tod und das Sterben sind beliebte und immer wiederkehrende Themen im alten ebenso wie neuen Wiener Lied, auch die gesamte – daraus folgende – himmlische Seligkeit ist darin versammelt. Und das ist verständlich, wird doch der Wiener beim stimmungsvollen Wein- und Musikgenuss nicht gerade die Hölle beschwören. So aber holt er nicht nur die „Engerln auf Urlaub nach Wean", sondern macht sogar den Herrgott höchstpersönlich zu einem Wiener. Und dass der Tod ein Wiener sein muss, hat uns der Liedermacher Georg Kreisler glaubwürdig versichert. Aber ob Tod oder Herrgott, über das Jenseits lässt sich blendend sinnieren beim Heurigen, es bietet sich geradezu dafür an – nicht in philosophisch tiefgründiger Form allerdings, sondern als ganz konkrete Fortsetzung irdischer Freuden und Genüsse:

*Da himme*
*fia uns weana*
*miast a grossa*
*schanigoatn sei*
*aun an woaman*
*summa dog ...*

Und die Kellner sollten „Schnitzel" und einen „Guaknsolod" bringen und Bier, *„sofüü ma wüü/ und ollas umasunst"*.

Die „ewige Seligkeit“ wird zu einem verklärten Abklatsch kleinbürgerlicher Sonntagsgewohnheiten, einer Art „himmlischer Großheurigen“, wie Wolfgang Broer es genannt hat, wobei sehr leibliche und sinnliche Genüsse in die Ewigkeit projiziert werden:

*„Waaßt, wiar i mir den Himmel vurstell, Gesell?*
*A Wirtshaus, des die Ewigkeit net zuasperrt*
*A Tröpferlbad, wo's Bier in Preis dazuaghört*
*A fesche Katz, des haaßt a resche Weanarin*
*a Wohnung im Cottage, nur mit Bedienerin*
*a Auto wosd an umscheibst ohne Schepperer*
*a scheene Leich mit Schnaps und Pompfüneberer*
*a Fremder, der auf's Wiener Schmähführn steht*
*a Amt, wo ausnahmsweis de He knian geht ...“*

Meint der Wiener Dialektdichter Wolfgang A. Teuschl. Hingegen die Hölle als genaues Gegenteil dieser höchsten Glückseligkeiten erscheint:

*„Und waaßt, wiar i mir die Höll vurstell? Ka Wirtshaus, ka Tröpferlbad, ka Katz, ka Wohnung, ka Auto, ka Fremdenverkehr, nur der Amtsweg, nur der Amtsweg ...“*

Dieses Klammem an die profanen Freuden und kleinen Bequemlichkeiten des Alltags ist von kritischen Zeitgenossen schon immer angeprangert und unbarmherzig gegeißelt worden. Schrebergartenphilosophie und kleinkarierte Denkungsart, die über einen unmittelbaren spießbürgerlichen Erfahrungshorizont nicht hinausreicht, wurde genannt, was im Grunde nur einer tiefen und unbewältigten Angst entspringt: Angst vor sich selbst, vor dem Tod, vor einem ungewissen Jenseits. Dieser Rückzug vor den großen, ewigen Dingen in die kleine, enge und muffige Überschaubarkeit schuf jenen Typ des selbstgefälligen Spießers, dem das Essen und Trinken immer noch die liebste Beschäftigung ist, dem Gesinnungslumpen, der sein Fähnchen nach dem Wind dreht, dem biederen Kleingeist, dessen Dämonie der Ignoranz entspringt, dem Feigling, der den Tod keineswegs auf fesche Manier bewältigt hat, sondern dem zur Todesproblematik nichts Besseres einfallt als die Genugtuung, diesmal noch mit heiler Haut davongekommen zu sein. Auch so, auch in diesem Negativabzug, ist der Wiener in die Literatur eingegangen. Der „Herr Karl", personifiziertes Symbol sämtlicher österreichischer Kardinal-Untugenden, denkt vor sich hin: *„Ich schlaf ja guat. Net immer natürlich. Manchmal, wenn i* so *lieg, hör i de Rettung vorbeifahrn ... tatüüü ... tata ... dann denk i ma nur: Karl, du bist as net ...*" Und die Wiener Mundartdichterin Trude Marzik verpackt dasselbe Problem folgendermaßen:

*„Am Grabn, z'Mittag, da ist aner glegn,*
*mit Packpapier zudeckt, nur de Schuach warn*
*zum segn.*
*Drauf trink ma mit Gusta a zweit's Krügl Bier.*
*Zum Glück liegt a anderer unterm Papier."*

Den „Herrn Karl" hat allerdings bereits zu Beginn unseres Jahrhunderts Alfred Polgar in seiner Hanswurstiade „Der unsterbliche Kasperl" vorweggenommen: Als der Kasperl, sprich Wiener, vom Tod geholt wird und sich vor dem höchsten Richter verantworten muss, wird ihm folgendes Sündenregister präsentiert:

*„Kasperl, du bist angeklagt ... des Leichtsinns und der Völlerei, der Gewissenlosigkeit und der Faulheit, der Beleidung des Geistes, den Gott dir eingehaucht hat in allen sieben Graden, der nichtsnutzigsten Lebensvergeudung, der Selbstsucht und Rohheit, der Anbetung des Darmes und des Geschlechtsteils, der Dumpfheit und Stumpfheit wider das Leid des Nebenmenschen, der Kriecherei und Bosheit, Falschheit, Verlogenheit usw. usw. Ich könnte lesen bis übermorgen und würde nicht fertig."*

Der Kasperl ist entsetzt über Umfang und Langatmigkeit dieser Anklage:

*„I war immer a guater Kerl. I hab 'n Kaiser gern g'habt, wie a Kaiser war, und hab' auf ihn g'schimpft, wie kaner mehr war. Mir ist alles wurscht, wann i nur mei Viertel Wein hab' und an Tanz und a Musi' und an G'spaß und an paar fesche, resche Madeln ..."*

Schließlich lässt er sich vom himmlischen Kommissarius verteidigen, aber weder dieser noch der höllische Kommissarius, der ursprünglich des Kasperls Seele für sich beanspruchte, wollen ihn am Ende haben („ein widerlicher Kerl"), weshalb er wieder auf der Erde landet, wo er dann eher kummervoll weitervegetiert: *„I hab a rechte Angst vor'm Tod und an rechten Ekel vor'm Leben."*

Ein Herr Karl im Kasperlgewand, kein Bruder Leichtfuß, eher ein Bruder Leichtsinn mit allen schädlichen Folgen, der dem Tod, nachdem er ihm vermeintlich ein Haxel stellte, letztlich doch in Furcht begegnet.

Und es ist auch diese Angst, die den Wiener den Tod so oft herbeizitieren lässt, vielleicht, so hofft er im Geheimen, lässt Gevatter doch mit sich reden, ein guter Freund, ein Brüderl, ein Kamerad auf

Schritt und Tritt, dem man auf die Schulter klopfen kann: Schau, s'is net so schlimm, wir wern uns scho verstehn!

Oder, wie Karl Anton Maly es ausdrückt:

*Der Witz ist nämli der:*
*Wannsd lebn wüsd*
*Muaßt übers Sterbn redn ...*
*So ist des!*

**Helga Schimmer**
Mord in Wien
Wahre Kriminalfälle
176 Seiten, € 9.95
HAYMON taschenbuch 76
978-3-85218-876-8

Die spektakulärsten, schauerlichsten und skurrilsten Kriminalgeschichten Wiens hat das wahre Leben geschrieben. Packend und kenntnisreich erzählt die Autorin von Verbrechen, die sich tatsächlich zugetragen haben – vom Haus des Grauens in der Augustinerstraße, von genialen Ermittlern, überraschenden Geständnissen, kaltblütigen Mördern und vom fast perfekten Verbrechen – eine Pflichtlektüre für all jene, die schon immer die dunkle Seite Wiens kennenlernen wollten.

**Edith Kneifl**
Der Tod fährt Riesenrad
Ein historischer Wien-Krimi
240 Seiten, € 12.95
HAYMON taschenbuch 78
978-3-85218-878-2

Wien um 1900. Die 15-jährige Leonie ist verschwunden. Alles deutet darauf hin, dass das Mädchen entführt wurde. Kurz darauf wird in einer Gondel des Riesenrades ein toter Zwerg entdeckt. Der Privatdetektiv Gustav von Karoly wird von Leonies Mutter mit den Ermittlungen beauftragt. Doch warum hält der adelige Großvater Leonies nichts von Karolys Bemühungen? – Spannend und mit viel Zeitkolorit erzählt die Autorin einen historischen Kriminalroman, der bis zur letzten Seite fesselt.

*„Ein unterhaltsames Lesevergnügen – vor allem für Fans dieser spannenden Zeit.“*
Steirer Krone, Christoph Hartner

*„Ein absolut geglücktes Lesestück.“*
Tiroler Tageszeitung

*„Im klassischen Krimi-Plot spielen illustre Figuren in stimmigem Lokalkolorit.“*
Oberösterreichische Nachrichten